情報を捨てる勇気と表現力

情報洪水時代の表現力向上講座

kibe katsuhiko
木部克彦

言視舎

プロローグ

いらない情報を捨てる勇気と効果

「もう、このあたりでやめませんか?」

「後期中年おじさん世代」になった僕は、週イチで授業をしている明和学園短大（前橋市）の学生をはじめ、多くの人たちに語りかけています。

何を「やめたい」のかって? 既存のメディアに加えて、「インターネット」「SNS（ソーシャル・ネットワーキング・サービス）」などの進展で、情報の洪水状態に陥った今の僕たちの社会が「匿名の誹謗中傷社会」、あるいは「日本語破壊社会」になっているっていう現状のことです。

インターネット、メール、ネット通販、ネットオークション、ブログ、ツイッター、フェイスブック、インスタグラム、ライン……。これらの、あまりにも便利な道具を人類が手にしたことによって、数えきれないほどのメリットが生まれました。こうした道具を正しく有効に使いこなせば、ですね。

でも、世の中すべて「功罪併せ持つ」ものです。便利な道具であるネットが、特定の人を誹謗中傷したり、いじめを繰り返したり。「ネットの炎上」、いやな言葉ですよね。自分の意見を簡単に、しかも全世界に発信できる道具を手にした僕たちは、「言いたい放題」の社会を生み出してしまいました。

しかも大人も子どもも、四六時中ケータイ・スマホ・iPadなどのタブレットに縛られ、振り回される事態に陥っています。無料ゲームアプリの普及によって、子どもたちが1日に5時間も6時間もスマホにかじりついているという調査もあります。まるで「ネットの奴隷」です。その末に、大人も子どもにも大きな悩みなのが「仲間はずれ」や「ネットいじめ」。

詐欺、売春行為、リベンジポルノ……、ネット情報が誘発する犯罪も深刻です。

もう、ここで変えなきゃ間に合いません。

膨大な情報の何が正しくて、何が間違いか。どれが自分の暮らしに有効で、どれが役に立たないか。必要のない情報は勇気を持って捨て去り、有意義なものをきちんと見きわめる。それを最大限に活用して、文章や話し言葉での「表現力」を磨き続ける。人生とは「自分をいかに表現するか」ですから、本書の題名通り『情報を捨てる勇気と表現力』は、誰にとっても一番大切な課題だと思います。

子どもにも、若者世代にも、僕たちおじさん、おばさん世代にとっても、高齢の方々にも、真正面から取り組まなくてはならないことだと言って間違いないでしょう。

そこで、この本では、「どうしたらいいかを、一人ひとりが考えて、自分に合ったやり方を見出して実践してゆくためのヒント」をお届けします。

みなさん自身の人生をより豊かなものにするために、「自分に合ったやり方」で、「自分なりに」取り組んでいく参考にしてもらうために。

そんな考えから、僕はみなさんに言うことにしました。こんなことを。

◇情報が洪水のように押し寄せてくる社会で、それに押し流されたり、圧倒されて周囲が見えなくなったりするような事態を、なんとか防いでいきましょう。
↓情報に左右されないこと。すぐに反応しないこと。それより、落ち着いて自分の価値観・生き方を見出して固める努力をしませんか。（14ページ）

◇不確かだったり、不必要だったりする情報は、勇気を持って捨て去ろうじゃないですか。
↓入ってくる情報の大半は、自分にとってはあまり関係のない内容ではないかというスタ

ンスでいれば、捨て去る勇気がわいてきます。（14、19ページ）

◇膨大な情報を自分なりに取捨選択して、何が自分に役立つか、生活に生かせるかを見きわめましょうよ。

↓押し寄せる情報をむやみに信用しないことです。専門家・識者・教師などの主張も、それが「絶対」ではないのです。「どこかに間違いがあるはずだ」と一歩引いたスタンスで接してみたらどうでしょう。その情報について、最低限2つか3つのネットサイトや自宅の辞典、年表などの資料に当たることが欠かせません。（39ページ）

◇ネット全盛時代だからこそ、世の中は「文章の時代」です。主体は文章でのやり取りなのですから。そこに「文章の達人」を目指す理由があります。

↓文章がなければ、ネット文化は成り立ちません。「簡潔・明瞭」だけでなく、新聞や本の中から「よい参考文章」を見出して、読み返し、書き写す訓練を続けましょう。（62ページ）

◇ネット、メール、ネット通販、ブログ、ツイッター、フェイスブック、インスタグラム、

ライン……。情報入手・情報発信にとってあまりにも便利な「道具」を使いこなすことは大切ですが、それに縛られたり振り回されたりしないことですよ。

↓ケータイやスマホなどを握りしめるのが癖になっていませんか。勉強中や仕事中はポケットやバッグにしまっておいて、即座に応対しないように心がけませんか。情報発信・意見表明するときは、正々堂々と自分の名前を名乗って、責任を持って行ないましょう。匿名の中傷行為など、もってのほかです。（68ページ）

◇いつでもどこでも、疑問や関心を抱いたら、即「調べもの」ができる素晴らしい環境が整ったのですから、いつでもどこでも、そこが「勉強部屋」といった気分になればしめたものです。これはネット社会の一番のメリットだと思います。

↓せっかくケータイやスマホを持ち歩いているのです。外出先などで自分が口にしたり、聞いたり、読んだりした言葉について、忘れないうちに、その場で意味や語源を調べる癖をつけませんか。（77ページ）

◇有効な情報を駆使して、「自分ひとりだけが分かる」ではなく、「人に分かりやすい文章表現力」を磨きましょう。文章が上達すれば、「言葉による表現力」も同じように上達するの

ですから。

↓論文やレポート作成のコツ、そしていろんな場面での印象的な自己紹介の方法……。「こんなふうにしたらどうでしょう」と僕流に提案します。（84、94ページ）

◇世の中、自分以外の全員（人間だけじゃありませんよ）が、貴重な教えやヒントをくれる「師匠」だという姿勢で生きましょう。そんな謙虚さがあれば、みなさん一人ひとりが、より多くのものを手にする可能性が、おおいに広がります。

↓「人はみな『師』なり」。単純ですが、分かりやすい言葉です。幼児だって、体が不自由なお年寄りだって、僕たちにいろんな教えを届けてくれます。（136、161ページ）

◇「これだ！」という人生観・価値観を手にしたと思ったら、ぶれないで、愚直にその道を進みましょう。

↓世間でいう「収入が多い」「名声を得た」などの分かりやすくてありきたりな価値尺度にとらわれたって意味がなし。なぜなら、それにとらわれると「世の中の大多数が敗者になってしまう」からです。自分の人生です。他人からの評価に対して、必要以上に左右されずにどっしり構えて生きましょう。（206ページ）

◇「自分や自分の家族だけの幸せ」は大切だけど、それだけじゃ「小さい」でしょう。誰かの役に立つ、そんな生き方をしましょうよ。仕事もプライベートも。そのほうが、きっと「自己表現」「自己実現」の満足度合いが高いと思いますよ。

↓人間の存在意義ってどこにあるか。たまには考えるのも楽しいものです。誰かの役に立っている。それって、心躍りませんか？　（209ページ）

こういったことです

かけがえのない人生です。一人ひとりが自分の可能性を信じて、力を発揮できる世の中にしていきませんか。

木部克彦

２０１６年　夏

目次

Ⅱ　表現を磨くことは自分を磨くこと

Ⅲ　言葉以上の「言葉」を磨く

I

情報を捨てる勇気

すべてが必要な情報ではない

生きてゆくために、情報を集めることは欠かせません。仕事や勉強はもちろん、私生活の面でも、そうですよね。

衣食住のすべてにおいて最新情報は大切な要素だと、世間では言われています。ファッションの流行、食スタイルの新しい波、家づくりはどんなポイントが大切か……。でもね。ネット社会になって、いらない情報が押し寄せてきて、みなさん大変じゃないですか？　ネット検索すれば情報は無限大です。

現代は、こちらから求めたり調べたりしなくても、向こうから勝手に入ってきます。僕や事務所のパソコン・スマホにだって、いろんなメールが送られてきます。

ファッションから、生活用品、ゲーム関係はじめいろんな商品情報。旅行情報、各種の講座参加要請、企業のメルマガ、イベント案内……。はたまたものすごく怪しげな「私と会ってください。1000万円差し上げます」メールまでね。もっとも、ひと目で「怪しい」って分かるこんなメールに騙される人って、いるのかなあ？

まだまだ、ファクスだって入ってきます。郵便だって、個別ポスティングだって、次から次へと。テレビを見ない、新聞を読まない、の時代ですから、情報発信する側も「どんな方法が効果的か？」と悩みは尽きないのでしょう。

ともかく、必要・不必要、適切・不適切の区別なく、膨大な情報が僕たちの元に届きます。これを取捨選択しなければならないのですから、21世紀に生きる僕たちは大変です。

まあ、ファッションの流行に関する情報って、なかなか巧妙ですよね。僕のまわりの女性たちもよく口にします。

「今年は、こんな色の服がはやるらしい」とか「白がはやっているのよ、全国で」とかいった話ですね。「はやっている」ものに「乗り遅れちゃいけない」。そんな危機感を持っているような口ぶりです。週末は、そんな色のジャケットとかブラウスとかスカートとかを買いに行くのでしょうか。

別に、買うのはいいんですよ。「自分自身が、その色やデザインが好き」ならばね。でも「はやっているから」という声に煽られて、必要のないものまで買っていませんか？

「はやっている」と言ったって、空気中にインフルエンザウイルスが広がるようなわけじゃなし。流行は「自然発生」じゃありません。アパレル業界なり広告業界なり小売業界なりが作り上げる「戦略」です。流行に敏感なのは、個人の好みですからかまいませんし、ひとつの「才能」でしょうから、とやかく言うものでもありません。ただ、流行という言葉に反応しすぎるのは意味のないことです。販売側の情報操作に踊らされることですから。

食スタイルもそうです。自宅での食事も、外食のためのいろんなお店情報も、膨大な情報が入ってきます。「これが体にいい」「美しい素肌を保つのは、これだ」「老化防止のためには、これを食べましょう」……。「本当かな?」という情報がひっきりなしに飛び込んできます。いろんなお店情報が入ってきても、そのすべてに通う時間もなければお金もないじゃないですか。

住に関する新たな提案とか新商品情報も、いろいろありすぎて、「どれが正しくて」「どれが間違い」なのか、判断できません。

▼10年たてば「最先端」

衣食住の基本くらいは、自分でしっかりとした価値観を持ちましょうよ。「流行おくれ」なんて言われたって、心配ご無用。物事のはやりすたりなんて、10年とか15年のサイクルで回っているだけ。「流行おくれ」の衣食住スタイルは、10年たてば「最先端」になっているものですよ。どっしり構えましょう。

もちろん、情報が入ってくるのはいいことですよ。でも、これだけ多いと、もてあましたり、間違った判断のもとになったり。そんな不安があるなあ。

だから、自分自身に必要のない情報が入ってきたら、せっせと「右から左へ」みたいに捨てる勇気を持ったらどうでしょうかね。自分の仕事に関係するものとか、特に興味のある分野以外の膨大な情報には、ひと呼吸置いて対応する。すぐに取り込もうとしないこと。参考にしないことです。「この情報は信頼性に欠けるから、詳しく見なくてもいいか」。そんな冷静な判断力も必要です。

だって、今のネット検索システムでいけば、後々「あんな情報があったよね」「ちょっと見たいなあ」と思い返したら、けっこう検索できるものです。仮に見つからなかったら、**「それは不確かな情報だったから、削除されたかな」と考えればいい**レベルのものだということではないでしょうか。

ネットの検索エンジンのトップページに出てくる「ニュースの項目紹介」、本で言えば「目次」みたいな画面もそうです。

かなり刺激的な見出しにつられて内容を読んでみると、単に企業の広告戦略だったり、あるいは誰かのわけの分からない作文みたいなものだったり。「あー、時間を損した」の気分になるものがかなりあります。僕自身、そういう見出しに誘われて本文を見てがっかりすることがしょっちゅうあります。

でも、自分自身でもおかしいのですが、1日に何回か、この検索エンジンに見入ってしまいます。パソコンを起動させたとき、どうしてもネットを開いてしまうのですよ。

そこにある情報は玉石混淆なんですがね。役に立つ情報もあるのですが、「アーア、見なきゃよかった」のものも、かなりあります。

「この取捨選択は、けっこう難しいぞ」

そんな気分になるのです。

それでも仕事柄、「石の中に、必ず玉があるはずだ」なんて期待をぶら下げて生きている身には、「見たい」「探したい」という誘惑には勝てないのです。

「分かっちゃいるけど、やめられない」

このフレーズ、若いみなさんのお父さんやお母さん世代でも知らないかもしれませんが。

もう一度、これが言いたい

龎大な情報のひとつひとつに即座に対応せず「情報を捨てる勇気」を。

情報を選別して有効に活用するには

これまで人間が自らの主張を広く発信するには、既存のメディアに頼らざるを得ませんでした。目の前の人たちへの「語りかけ」「弁舌」にとどまっていた状況が、印刷という技術の誕生によって発信力は飛躍的に向上しました。新聞や本はその代表選手。映像や電波によって、もっと広範囲に、しかも分かりやすく伝わるようにもなりました。映画・テレビ・ラジオですよね。

こうした既存のメディアを使わなければ、自分の意見を広く発信することはできない。それが世の中の常識でした。自分の日記帳やメモ帳に書いたことは、自分の世界の中ですし、口でつぶやくことも、相手に聞き取れるものではありませんでした。

そんな状況がひっくり返ってしまいました。個人でもホームページを持つ時代です。自分の日記が「ブログ」という形になれば、誰もが見ることができます。つぶやきも「ツイッター」になれば、政治家の演説のように広がることがあります。「フェイスブック」も「インスタグラム」も「ライン」も同様です。SNSは進化する一方です。「後期中年おじさん世代」には、なんともついていきにくい環境が「当たり前」になっています。

繰り返します。「自分の意見や情報」を「手軽に、スピーディーに、広範囲に」発信するメディアの出現は素晴らしいことです。

▼「大人」の常識

問題は、その「意見や情報」の表現方法や中身、活用方法なのです。

文章表現とか言論表現は、「各自が自由に」という魅力がある一方で、「相手に分かりやすい内容であるべき」「根拠なしに誰かを傷つけない」など多くの責任を負います。

この「**責任を負う**」という面が抜け落ちてしまっているのが、今の「情報洪水社会」じゃないでしょうか。「ネットの炎上」は、分かりやすい例ですね。

では、責任を負うためには、何をすべきなのでしょうか。言うまでもありません。「**きちんとした文章表現力や言論表現力**」**を身につける**以外にありません。「**相手の気持ちを推しはかる洞察力や共感意識**」といったものも欠かせません。

そして、いかなる方法でも、情報発信・意見表明は正々堂々と自分の名前を名乗って、責任を持って実行しなくてはなりません。匿名の中傷行為などもってのほかです。ひとことで言うなら「それが**責任を自覚した大人だ**」ということです。

これらの力は先天的に身についているものではありません。子どものころから、家庭や地域、そして学校教育の場で徐々に身につけてゆくものです。学習・体験・失敗・挫折・反省・挑戦……、いろんな学習や実体験を通して身についてゆくものです。こうやって、僕たちは子どもから大人になってゆくのです。

もちろん、大人たる年齢になったからといって、誰もが「責任ある文章表現力・言論表現力」が身につくものではありません。ある意味、この道に関して職業的な訓練を長期間続けた末に身につく「特殊な才能」という面もあるでしょう。これは、どんな職業にも共通した「職業的な熟練」というものです。

▼「誹謗中傷社会」

とにかく、文章表現・言語表現の職業的訓練を重ねた人が、これまでマスメディアによって文章や言論を広く発信していたわけです。作家・学者・記者・アナウンサー・政治家・ジャーナリストなどなど。例外はそれなりにありますが、彼らには「表現の自由と責任」を自覚しているという前提がありました。

ところが、ネット社会の進展で、誰にでも「広く、瞬時に、情報や意見が発信できる」環境になりました。ということは、「分かりやすさ」も「責任」も、まだ身についていない人でも、自由な発信ができるようになったのです。

今の世の中の怖さは、ここにあります。

既存のメディアだって、「不確か情報」「間違い情報」「悪意の情報」の発信は少なくありません。「職業的訓練」を重ねている人たちだって、この通りです。ならば、そんな訓練など「関係のない」(本当は、誰にとってもそんな訓練が欠かせないのですがね)と思っている多くの人たちが、「思いついたこと」を「思いついたまま」文章や言論にして発信したら、どうなるでしょうか。

十分な取材・調査・検証なしに、思いついたままを発信する、しかも全世界に。それを見たり聞いたりした人が、それを「事実」だととらえて、それに基づいて、また自分の思ったことを発信する。

こういう形で**「言いたい放題社会」「誹謗中傷社会」「間違い情報の連鎖と拡散」**が進んでいきます。その先に待っているものは何か。想像するだけでも恐ろしい。僕は身震いする自分を抑えられません。

だから、特に、若いみなさんに言うのです。

「洪水のように押し寄せる情報の、何が『正しい情報』で、何が『間違い情報』かを、きちんと見分けようじゃないですか」

「相手に理解されやすい文章・言論の表現力を身につけなくては」

「誰かを傷つけるような表現は、するべきではないという責任を自覚しようよ」

「他者の胸の内を、言葉にならない叫びをくみとる力を磨きませんか」

情報の正否の見きわめは、誰にとっても、どの世代にとっても難しい話です。結局は**「社会常識」を身につけるべし**という話になります。どうすれば常識が身につくか。そこで、これまで「社会の最大公約数的」に「分かりやすい」「受け止められやすい」表現を続けてきた既存の新聞や本が、有効な参考資料になります。さまざまな辞書類も同様に力を発揮します。まだまだネット辞典には整備しきれていない「分かりやすさ」「正確性」「一般性」を備えているのですから。それを活用すべきです。

▼「お猿さん」でいいんですか？

いいですか。人類はかつて、自動車を発明しましたよね。それによって、僕たちの暮らしは飛躍的に便利になりました。でも、それが今日、何を招いたでしょうか。

排気ガスによる大気汚染や地球温暖化ですよね。これって僕たち人間の「存亡」を左右する問題です。自動車だけじゃありません。医療も、原発も、いろんな技術開発は「功罪併せ持つ」のです。「便利さ」だけを追求すると、後々とんでもないことが待ち受けているものなのです。

その意味で、僕は今の「ネット社会の進展」が、とても便利なように見えて、実は**「人間社会を壊してしまう」危険性**を秘めていると確信しています。

便利さにおぼれて、人としての基本的な訓練を怠ったまま生きてゆく人が増えれば、杞憂ではないと思います。だってね、みなさん。思いませんか？

「匿名で人を誹謗中傷して、うさを晴らして満足するような社会」

「他人を傷つけることなく、人の胸の内を思いやりながら、自分の考えを多くの人に分かりやすく伝え合う社会」

このどちらが楽しいかって。

僕は、自分の考えを押しつける趣味はありませんし、人間が１００人いたら、１００通りの考え方や価値観があるほうがいいと思って生きています。

でもね、今、僕があげた「このふたつのどちらがいいの？」の質問に、「前者がいい」って答える人とは、徹底的に議論しなければなりません。

いいですか？　感情や本能のおもむくまま、「思ったことを言い」「思うままに行動する」

とすれば、それは人間ではなく、お猿さんの世界にほかなりません。

人間は何十万年も前に「火」と出会いました。

それによって、他の動物の襲撃を防ぎ、木の上ではなく地上で寝られるようになりました。生肉をかじっていた食生活が、火によって「焼く」という料理を始めたため、消化力もエネルギー吸収も向上して、脳が発達しました。定住も始まりました。みんなで料理した獲物を食べるから、集団における秩序という概念が生まれました。「本能」「感情」を抑える「理性」を学んだのです。

ここで、「お猿さん」に近い存在から、「人間」へと進化できたのです。

今の「言いたい放題」「誹謗中傷やりたい放題」は、まさに**感情・本能むき出しの「お猿さん行為」**と言っても間違いではないでしょう。

「人間としての未来」を歩むか、「お猿さんへの退化の道」を歩むか。今の状況は、もう「分かれ道」に差しかかっているとしか思えません。人間として誰もが幸せに生きてゆけるのか、そうでないかの分かれ道にね。

特に、子どもから、10代、20代、30代のみなさんに言いたいんですよ。だって、僕らから上の世代のおじさん、おばさんに言うより、明日を担う世代に言ったほうが、世の中がよくなる可能性が高いからです。それだけ、若い世代に期待しているってことですよ。

うーん、ついに僕もそういう「おじさんじみた」言い方をするお年頃になってしまったのですね。

もう一度、これが言いたい

感情や本能のおもむくままの言動は、人間ではなく「お猿さん」の世界。

情報発信の重い責任

ネット全盛時代で、既存のマスメディアの影響力がダウンしていることは間違いありません。「テレビは見ない」「新聞は読まない」「本も読まない」という声は高まる一方です。

確かに、ネット世代ではない僕らにしても、今のテレビ番組の中で、「じっくり見る価値があるもの」がどれだけあるかというと、首をひねらざるを得ないのが現実です。あまりにも安易な、しかも内容に乏しい番組が並んでいるからです。だから、実は僕もニュース番組以外は、さほどテレビは見ません。情報番組などで「もしかしたら、面白いかも」「役に立つかも」と気になった番組を留守録画して、後日見ることにしています。**見始めて10分たっても期待外れなら、そのまま消去**してしまいます。時間がもったいないから。

新聞もまた、問題ありです。この場は「メディア評論」の時間ではありませんから詳しくは述べませんが、ひと口で言えば「政府や役所、企業などからの発表物に頼る発表ジャーナリズム」の色が濃いからです。

「若い世代が新聞を読まないのはけしからん。子どものうちから新聞を読む習慣をつけなければ」

新聞業界の主張は、基本的に間違ってはいません。でもね。「毎日熟読せよ」というほど内容があるのかなあ、本当に。

数年前に、ある新聞社の社長がきわめて興味深い文章を、公的な文化団体の定期機関誌に寄稿していました。

「新聞が読まれなくなったのは、インターネットの台頭という理由からではなく、新聞の記事が面白くないからだととらえている」

その社長は、こんな趣旨の文章を寄せていました。

いわゆる「一般紙」、つまり朝日・毎日・読売・日経などの全国紙や各地のブロック紙、地方紙の経営幹部が「**新聞が面白くないから読まれないのだ**」と公式の場で述べることなど、そうそうはありません。

でも、普通に考えれば「本音」は、こんなところでしょう。

この寄稿を俟《ま》つまでもなく、新聞の紙面には、ほめられたものばかりが並んでいるとはお世辞にも言えません。現場で取材している記者諸氏は20〜30代ですから、僕たち「後期中年おじさん世代」からすれば、「舌足らず」、あるいは「青臭すぎる」する記事がしょっちゅう載っています。

ですから言いたいのは、この発言の是非ではありません。僕が強調したいのは、**「それでも新聞や本を読みましょうよ」**ということです。

▼新聞や本には幾重にも「関門」がある

僕は、既存メディアから発信される情報がネット情報に比べて「価値がある」「貴重だ」「ためになる」などと短絡的に考えているわけではありません。

ただネット情報などに比べて。**「短くコンパクトにまとまっている」**ことと、**「正確性・信頼性に富んでいる」**ことは間違いなし。

とくに正確性・信頼性の問題は、「記事を取材記者が書いてから、それが紙面となって外に出るまでには、いくつもの関門がある」という理由からです。これが、誰かの個人的な日記とか手紙、あるいはインターネットやブログ、その他のSNSで発信されている情報と大きく違う点です。

「内容の真偽」「表現の是非」を**チェックする関門**があればあるほど、その情報の内容が高められていきます。

新聞社でも各社によって体制はまちまちですが、こんな流れがあります。

「記者が取材現場に行って、取材をする」

「その記者が原稿を書く」

「デスクという上司が、その原稿を読んで、内容をチェックし手直ししたりする」

あるいは数人の記者によるチーム取材だったら、まず先輩記者が原稿をチェックするでしょう。

「デスクが手を入れた原稿が、編集担当の部署にまわされる」

編集担当部署は、伝統的に「整理部」なんて言っていましたが、今は現代風に「編集センター」とかいろんな名前があるようです。

とにかく、ここで、編集担当者やその部のデスクなどが原稿に目を通し、価値判断します。

「編集担当を通過した原稿は、校閲担当の目を通る」

ここで、内容の間違いの有無や表現の良し悪しがさらにチェックされます。

最低限、このくらいの関門があります。さらには編集局全体の局長、局次長なんて幹部が、まだ印刷を始める前の紙面の「ゲラ」を読むという関門もあります。

とにかく、複数の「チェック機能」が存在しているわけです。

テレビにしても、事件や事故で現場に飛んだ者が、生放送で間違ったことをしゃべってしまったら取り返しはつきませんが、通常のニュースならば、それなりに「チェック機能」を備えています。

出版社もそうです。

そうやって、いろんな角度からの目を通して、自社が発信する情報の精度を高め、不適切な表現があれば修正しようとします。

なぜなら、全国ネットのメディアが間違った情報を世に出せば、書かれた側がこうむる被害はきわめて大きなものになるからです。「訂正」「お詫び」などの記事やコメントではとうてい救済されないほどの被害を招きます。**「報道による人権侵害」「書かれる側がこうむる報道被害」**、そんな言葉を聞いたことがあると思います。報道の自由という、人間生活にとって欠かせない大切な要素の裏側には、こうした問題がひそんでいます（このあとの45頁を参照）。

しかし、現実に「複数のチェック機能」があったって、新聞もテレビも本も「訂正」「お詫び」がなくなることはありません。

だから、「チェック機能」がまったくない普通の市民が、その人だけの知識・情報・判断で発信する情報は、被害を招く危険性が大きいということなんですね。

個人の意見を、その人が自分の日記帳や手帳に記すだけの時代はよかったのですが、今のネット社会ではそうはいきません。自分が発信した情報は一瞬のうちに全世界を駆け巡ります。そういう便利すぎる道具を、僕たち人間は手にしてしまいました。便利さの裏側に潜む危険性を、きちんと理解しないままに。

これは「パンドラの箱」のお話みたいですね。

もう一度、これが言いたい

情報の精度や表現の適格さをチェックする複数の関門があるかどうか。

「自由」の裏側で傷つく人がいる

「想定外」はいたるところに

若いみなさんもそうですし、昭和30年代生まれの僕も同じですが、みんな「自由な時代」を生きてきましたよね。「言論の自由」「表現の自由」……。その通りです。大切な考え方です。

ただ、自由に関して「プラス面とマイナス面が同居していることを、常に理解して配慮しなければなりませんよ」といった考えを、親や教師はじめ、まわりの大人たちから聞いたことはもしかしたら少なかったかもしれません。

自分の思ったことを言論や文章で表現する。その積極的な姿勢は誰もが持つべきものだと思います。でもね。その自由な表現によって、「傷つく人」「不利益をこうむる人」が出てくることがあります。これはどうにも避けられないことです。

▼意図しない「効果」

簡単な話をしましょう。

「僕は刺身が好きだ」

ある人が、こう言います。世の中には、生魚が苦手だという人も、少なからずいます。

「生魚を食べるなんて、文明人がやることじゃない。人は火で肉や魚を焼いたり煮たりして、進化してきたんだぞ」

そんな反論をします。もちろん、こんなことで、けんかにはなりません。でも、心のどこかに、波が立ちます。

「僕はシイタケが嫌いだ」

これは、僕が公言していることです。シイタケ栽培に積極的だった農家に育った僕は、もう一生分のシイタケを食べてしまった気がします。あらゆるキノコ類は大好きなのに、シイタケの味も香りも食感も「まずい」という信号が脳に伝わるのです。

すると、街のそば屋で天ぷらの盛り合わせを頼んで、そこにシイタケの姿を見つけると、かみさんは僕の天ぷらの皿からシイタケを自分の皿に移し、代わりの何かを僕の皿に運びます。鍋物もそうです。そうやって、余計な気をつかわせてしまっているわけです。

かみさんだけではありません。この文章をシイタケ農家の人が見たら、丹精込めた作品をけなされたようで、**なんとなく気分が悪くなる**ことでしょう。

A・B・C3人の人間がいます。BはAと語るべく、Aのほうに体を向けます。「まずあなたと話そう」という意思を表示したわけです。ところがそれは、BはCに対して「横を向く」とか「顔をそむける」とか「背を向ける」ととられかねない姿勢になることを意味します。

ここで、Cの心の中に「なんだよ。こっちに背を向けて。**僕は無視かよ**」と波風が立ちます。

僕たち人間って、「感情の動物」ですから仕方ないんです。それくらい「繊細な生き物だ」というのは、実はメリットではありません。

でもね、刺身も、シイタケも、横を向くのも、「自分の考えの素直な表現」に違いないのに、**相手の気分を害する面もある**ってことです。

これは人の宿命です。

だから、どんなささいなことだって、感情的な対立の原因になりかねないってことを、まず頭に入れておいてください。

▼常識を口にするにも勇気がいる時代

なので、今の世の中の「自分の思ったこと、言いたいことを、すぐにネットで発信する」ことが、結果として「無責任な言いたい放題社会」、はては「誹謗中傷したい放題社会」になっていることに、気がついてほしいのですよ。

これまでの長い年月、「広い情報発信能力」を持つ既存メディアで働く者には、「自分が思ったことをすぐにそのまま書けば、報道による人権侵害につながる危険が大きい」という歯止めがかかっていました。

一方、個人でできる情報発信はごくごく限られていました。自分のノートや日記帳に書いたり、あるいは「陰口」をたたいたり。そんなことが精いっぱい。それが「世の中の平穏」に結びついていました。

たとえば、陰口ならば「自分の耳に入ってこない『陰口』なんて、気にしないことが一番です」って姿勢でいることで済まされていたからです。

でも現在は、「陰口が瞬時に世界を駆け巡る」手段ができてしまいました。しかも誰もが簡単に。パソコンやスマホで文章を入力するだけで。でも、多くの人は「書く、発信するという行動が、見知らぬ誰かをどれほど傷つける可能性があるか」に関する理解や訓練など受けていません。ですから、「何を書いてもおかまいなし」とばかりに、自分の意見や考えをつづります。特定の個人や団体などを批判する場合でも、それが確たる根拠に基づいた批判でない場合、「それは書いてはいけない」という「常識」が身についていない人でも、どんどん発信してしまいます。

もしかしたら、みなさんの中にも「自分の考えを書くのだから、どう書いてもいいのでしょう?」と思う人がいるのではないですか?

表現の自由、言論の自由が国民の基本的な権利ですが、同時に**「他の人の人権や平和な暮らしを侵害しない限り」という制約・責任がともなう**ことを、強く意識しなければなりません。

自己表現で、むやみに「萎縮」してはいけませんが、「言いたい放題、書きたい放題」は、もっといけない。これが人間社会の難しさかもしれませんが、守らなければならない絶対条件です。

当たり前のことです。人間は誰もが「幸せになる」、あるいは「いい気分になる」権利を持っています。同時に「他者から傷つけられない」という権利も明確に持っているのですから。

これはね、僕たちにとって縁遠い存在の法律学者による「法律の解釈ではこうなっている」などといった堅苦しい話じゃありません。

優等生的な「建前論」でもありません。

人としての「社会常識」の話をしているんです。**常識や理性がなければ、人間社会は成立しません**。常識・理性が、人間と動物を区別する要素じゃないですか。自分だけの思いや本能で他人を誹謗するのは、ジャングルで野生動物が他の動物を襲っている光景とさほど変わりません。

でも、こんな常識が主張しにくくなっているのが、今のネット社会です。**常識を口にするのもまた、勇気が必要な時代**になっています。おかしいなあ。僕は率直にそう思います。首をひねります。

だから、「**人間か、お猿さんかの分かれ道だ**」って言っているわけです。

もう一度、これが言いたい
思ったことをそのまま書けば、人権侵害の恐れ。これは誰もが負う責任。

手にした情報は全面的に信用しない

必ず「裏を取る」

情報の「裏を取る」、つまりその情報が正しいか、間違っているかの裏取りをしようなんて言うと、刑事ドラマ（刑事ドラマ自体、若いみなさんは見ないよね）みたいですね。刑事役の俳優さんが「課長、容疑者が『俺にはアリバイがある』って言っています。犯行時刻には新宿のバーで飲んでいたそうです」と言います。課長は「よし、すぐに『裏を取れ』」と指示する。刑事課の部屋から飛び出して行く若手刑事。

そんな展開で石原裕次郎か渡哲也演じる刑事課長が、松田優作か舘ひろし演じる部下に指示します（この4人の俳優さん、顔と名前が思い浮かびますか?）。『太陽にほえろ』とか『西部警察』ね（この番組名も分からないでしょうかね）。今なら『相棒』の水谷豊や反町隆史とかですかね。

刑事ドラマの話はどうでもいいのです。殺人事件の捜査の話でもありません。新聞やテレビの記者の研修講座でもありません。

みなさん一人ひとりにとって「手にした情報が正しいかどうか。必ず自分にできる範囲で調べて、その真偽の裏付けを取らないと、とんでもないことになりかねないよ」って話です。そのくらい「不確かな情報」が社会中を飛び交っているわけです。これが、今のネット社会の実情です。

▼意外に面白い情報もたくさん

ネット情報は確かに便利です。

休日に「そばを食べに行きたい」「今日のお昼はパスタがいい」「ラーメンにしようかな」「カレーかも」、しかも行ったことのない店を探そうとしたら、かつては食通の友人知人に電話して聞くか、タウン情報誌を立ち読みするしかありませんでした。でも、今はスマホで検索すれば、いくらでも出てきます。

僕は先日、福島県郡山市の国道を車で走っていて、「昼ごはんに何か土地の名物を食べたい」と思って、「福島の名物料理」で検索しました。そしたら原発事故で町外避難を強いられている浪江町の名物「浪江焼きそば」が目玉の食堂が二本松市に移転営業している情報がすぐに出てきました。「ここから15分くらいの近さじゃないか」ということが分かり、あの

「超太打ち麺で豚肉ともやしがたっぷり入った」名物を堪能できました。

この手の情報を得るためには、ネット社会はとてつもなく便利です。多くの人の「いいね」コメントに、その店に行って「味がイマイチだったかな」と思うこともありますが、これは食べ物の好みの問題ですから、情報が間違っていたとは言えません。

街中をかみさんと歩いていて、ジンジャーエールの看板が目に入りました。

「あの『カナダドライ』って商品名なの、メーカー名なの？」

かみさんがそう言いました。

「カナダドライってメーカー名じゃないのかい？　僕はジャンジャーエールならウィルキンソンが好きだなあ。ぐっとドライでね」

ということで、さっそくスマホで検索して、いろんなことが分かります。カナダドライもウィルキンソンも意外な記述があって、驚いたりしました。何に驚いたかは、検索してみればすぐに分かります。

日常のやりとりで「それ、どういう意味？」って思うことがたくさんあります。気になり続けるようなら、以前は家に帰ってから百科事典などの文献に当たるしかありませんでした。でも、今ならその場で「ウェブ百科事典を簡単検索」ですね。

これが家族や友人知人との会話なら、検索情報のどこかに間違いがあったってさほど問題はありませんから。

でもね。これからがみなさんにとって大切な話です。

▼間違いが拡散される可能性

本も百科事典も新聞やテレビの報道も、**人間のやることですから間違いはつきもの**です。完璧なんて存在しません。でも前に述べたように、既存の新聞社、放送局、出版社などには「発信情報を、より正しく」「より適切な表現に」という複数のチェック機能があります。情報が世に出るまでの間に、いくつもの関門があります。これが情報の正確性を高めるわけです。

一方、匿名が主体のネット情報は「出所（でどころ）」がはっきりしないものも多く、正確性を高めるためのチェック機能を通過した情報かどうかが判断できにくいのです。でも、画面を見れば整った活字とカラフルな画像で、いかにも「完成品」のごとくに構成されていますから、そのすべてが「正確な情報だよね」といった気分にもなってしまいます。

もし、間違った情報だったとして、みなさんがそれをもとに、あるいは引用したりしながらレポートや論文などを書いたとしたら、間違い情報をさらに広げることになってしまいます。そうやって「間違いの引用が間違いを生み、それが別の人に引用されて……」というふうに、間違い情報が無限に拡散してゆくのです。それが世界中で繰り返されたら、僕たちの社会はどうなってしまうのでしょうか。

これを防ぐために、「入手した情報について、できる限り裏を取ろう」と言っているのです。

▼複数の資料でチェックは必須

ネットから情報を集めるのは便利です。

役所の統計などは、論文やリポートを書く際には便利な資料です。以前なら財務省、総務省、都道府県庁や市町村などといった役所に、資料の「郵送」を「電話」で依頼するのが当たり前でしたが、ネット検索すれば、かなりの公開情報がネットにもアップされていますから、比較的スムーズに入手できます。

企業の資料なども同様ですね。

でも、手にした情報を前に、さらに3つ4つ、ほかのサイトを検索して、同様の情報を探してみてください。もちろん百科事典などの文献にも当たってください。そこで**複数の資料**から同じ情報が出てくれれば、まあ信用してもよし。もちろん、それだって「間違った元資料」を引用して、その間違いを事実として書いている恐れは十分に考えられますから、ご用心なのです。

反対に、**矛盾する情報が出てくることも**あります。そうしたら、その情報を引用して論文を書いたりすることは危険だと考えるべきでしょう。せっかく手に入れた情報ですが、勇気を持って捨ててください。これからの長い人生で「余計な力を使ったなあ。全部ムダになった」なんていうことに数多く出くわすことでしょう。そんな試練への予行練習だと思えば、あきらめもつきます。

それによって「間違いの拡散」に歯止めがかかるわけです。

「情報の裏取りをする努力」と**「間違い情報を捨てる勇気」が大切**だという理由は、こんなところにあります。

もう一度、これが言いたい

情報は別の複数のサイトや文献に当たって「内容が正しいかどうかの裏」を取る。

間違った情報のひとり歩き

「甲山事件」の犯人視報道

ある女性の話をしましょう。「書くこと、語ることにともなう責任や危険性」という重要な論点をさらに考えるためにも、彼女について語ることが貴重なことだと痛感しているからです。

僕が大阪で新聞記者をしていたころ、親しく交流して、ともに勉強会や社会活動をしていた仲間がいました。

僕より少し年上で、小柄で、ベタな関西弁で、夫と娘がいて、いつも笑顔とギャグを絶やさない「いかにも関西の普通のおばさんだな」って感じの女性でした。この人が、今から話す「甲山《かぶとやま》事件」で容疑者とされ、25年かけて完全無罪を手にした女性です。

さて、みなさん。「冤罪《えんざい》」という言葉を耳にしたことがあるでしょうか。「無実なのに、犯罪者として扱われてしまう」ことですね。「濡れ衣」なんて言い方もありますね。こちらは「根も葉もないうわさ」的な雰囲気ですが、同時に「無実の罪」という意味もあります。こちらのほうが、堅苦しくない言い方かもしれません。

日本の冤罪の歴史の中でも、大きな出来事だったのが「甲山事件」です。

１９７４（昭和49年）３月17日と19日に兵庫県西宮市の知的障害児施設「甲山学園」で、男女の園児ふたりが行方不明になり、19日夜に建物裏の浄化槽の中からふたりの遺体が発見されました。これが「甲山事件」です。浄化槽から遺体が見つかったため「殺人事件」として大騒ぎになりました。

冷静に考えれば、浄化槽のマンホールのふたは園児が日常的に開けて、おもちゃなどを投げ入れて遊んでいましたから、「園児の転落事故」の可能性が高かったのですが、そんな「園児の遊び場だった」ことは、後に分かったことでした。当初は「園児ふたり死亡」「浄化槽に遺体」というショッキングな出来事に、殺人事件として捜査が行なわれました。

その末に「内部犯行だ」という線で捜査が進み、22歳の若い保母が逮捕されましたが、証拠もなくすぐに釈放、翌年には不起訴になりました。

ところが被害者の家族が「不起訴は不当だ」と検察審査会に申し立てたのです。

検察審査会とは、警察などが逮捕した容疑者を、検察が「嫌疑なし」として不起訴とか起訴猶予、つまり裁判を起こさないことにした処分について、被害者側などが不服だった場合に、「その不起訴は不当です」と申し立てられる組織です。

この審査会で論議した末に「不起訴は不当だ」という結論になり、検察側は捜査をやり直すことになりました。

そして、なんと4年後の1978年2月27日に、検察による保母の再逮捕という異例の展開になりました。

今度は起訴され、裁判になりました。

でも証拠がありませんから、神戸地裁では予想通り1985年10月17日に無罪になりました。

ところが控訴審の大阪高裁は1990年3月23日、「一審の無罪を破棄して、審理を一審に差し戻す」という異例の判決を出しました。「裁判の振り出しに戻りなさい」という意味です。

差し戻された神戸地裁は1998年3月24日、またまた無罪判決を出しました。

それでも、検察は控訴しました。大阪高裁も1999年9月29日に控訴を棄却。10月8日に検察が最高裁への上告を断念したため無罪が確定しました。**事件発生から25年という長い年月、この保母さんの人生を翻弄した末の無罪確定でした。**

▼報道による一次被害と二次被害

事件と裁判の経緯は最小限にして、ここでは間違った報道・憶測報道による「一次被害」と「二次被害」の怖さについてふれましょう。

事件当初の過激な「犯人視報道」が、保母への世間からのいやがらせを招きました。これは**事件報道の「一次被害」**であり、とてつもなく過酷なものです。これが、よく言う「報道被害」というものですね。保母や家族にのしかかった苦痛が、この報道被害です。

それ以降、彼女はずっと、社会からの「好奇の目」にさらされ続けます。冷静に考えれば「園児の転落事故」だったと考えるべき出来事が「殺人事件」とされたのです。亡くなった園児ふたりの家族は「わが子を殺した犯人が憎い」となりますね。事件発生から逮捕に至るまでの日々の新聞・テレビの報道を見続けるのですから。そこからは「犯人が保母」というタッチの膨大な情報が流れてきます。「保母憎し」の感情が湧きあがるのは、当然のことでした。

そして、「犯人」として保母が逮捕され、ひと安心したのに、すぐに釈放され、翌年には捜査の結果として「不起訴」となったのです。

「では、誰がわが子を……」となりますよね。

その感情が、「保母は犯人なのに不起訴になった」の感情を生み、「不起訴は間違いだ」と検察審査会に申し立てます。検察審査会というのは、市民の中から無作為で選ばれた委員でつくられています。豪雨的報道によって、全員が「世間を揺るがした大事件」であることと保母の存在は知っています。「やっぱり保母が怪しいのでは」という空気はあっても不思議ではないでしょう。いや、ないほうが不思議かもしれません。

その審査会の委員に、僕はかつて直接会おうとしたことがありましたが、かないませんでした。でも当時2~3人の委員に会ったという新聞記者に会うことができました。

その記者は、その取材を記事にはできませんでしたが、僕には「その人たちは『あれだけ新聞に悪人のように書きたてられていたのだから、犯人は保母だという雰囲気で審議がなされていた』と言っていました」と話してくれました。もちろん、委員は審議の内容を口外してはいけませんから、聞いたとはいえ記事にはしなかったのでした。今、ここで僕が書いても「時効」でしょうから、ちょっとふれるのですが。

審査会に訴え出た被害者の家族も、審査会の委員たちも、**「犯人視報道」に大きく影響されていた**のです。これは自然なことでしょう。これが「不起訴不当」の決定を生み、「4年後の保母の再逮捕」につながります。集中豪雨のような犯人視報道がなかったなら、本来は発生直後に「園児の不幸な転落事故」で終わっていたはずなのです。

なのに、最終的に1999年に無罪が確定するまでの25年間、その家族は保母を憎み、無罪確定の瞬間、「私たちは、どうすればいいのか。怒りをどこにぶつければいいのか」と、新たな迷路に入り込むことになったのです。仮に最初から「転落して死亡した事故だった」となっていたら、その家族の気持ちはまったく違ったものだったことでしょう。この家族もまた、犯人視報道の被害者と言わなくてはなりません。

何が言いたいかというと、**「不確かな情報発信が、人の人生を大きく狂わせるほどの凶器になる」**という点なのです。これは、今日でもまったく変わっていません。

▼不確かな情報を鵜呑みにしたことによる「二次被害」

また、この事件や裁判を、後の報道関係者やジャーナリスト、学者らが改めて書こうとする際には、やはり当時の新聞記事などの資料に頼ることになります。

それを読めば、**「犯人は保母」の印象を植えつけられます。**「あくまで犯行を認めないふてぶてしい被疑者」というイメージが、です。

裁判が差し戻し審に移ることが決まった1992年4月、当時マスメディアにも出まくっていた高名な人が、ある週刊誌に甲山事件のことを書いたことがありました。

僕自身はそのころ、甲山事件の報道検証本を書こうという「必要性に迫られて」当時の新聞記事を読み、その後の展開と比較しての「間違い報道の部分」などを頭の中で整理しなくてはならない立場でした。でも普通の人は、そんなことをする理由がありません。ですから、当時の新聞記事の「間違い・書き飛ばし」部分も、「事実」として参考資料にします。

こうして、その週刊誌には多くの点で事実に反する、間違った表現の記事が掲載されました。保母の支援者からの抗議にこの人が回答したところによれば、「間違いだった部分」の多くは、**事件発生当時の「集中豪雨的不確か新聞報道」を「事実」として引用したための「思い込み」**だったことが分かりました。

このように、間違った報道を「正しい資料」と受け止めて、結果的に間違ったことを書く。それによって、書かれた保母はもちろん、書いた人も批判されるという被害を受けたのです。これが間違った報道による二次被害なのです。

ですからこの人も、間違った文章を書いた「加害者」であると同時に、元資料にだまされた「被害者」なんですね。とはいえ、現実に間違った報道を引用したがゆえに、さらに間違った記事が、全国に発信されてしまったのです。その記事を読んだ人は、またまた間違った感情をいだきます。保母たちにとっての、報道による「二次被害」「三次被害」の典型です。

▼事態はより深刻になっている

この話を「過去の古臭い話」ととらえないでください。なぜなら、問題の本質は、今も変わっていないからです。ネット情報の氾濫で、事態はより一層深刻になっているとも言えます。

ＳＮＳでも、テレビなどの既存のメディアでも、**「辛口」「過激」「本音」のコメント**が、まるで流行のように、ある意味「もてはやされて」います。テレビのワイドショーやバラエティー番組などが、やはり良くない影響を与えています。俳優、芸人、政治家などの著名人が、かなり過激なコメントを口にします。あれは、番組制作側が「練り上げた」演出上の過激さであったりします。あくまで「つくられた過激トークバトル」であり、番組内では「予定調和」の世界です。もし「思いついたまま」の内容だったら、そんな番組は即刻やめるべきです。危くて仕方がない。

そうとらえて、眺めるべきものですが、少なからず、みなさんの中にはそうは考えない人が多くなっているようです「本音の思いつきトーク」であるかのように見てしまいます。その結果、ネット世代が「ズバズバっと言っていて、歯切れがいいし、カッコイイ」とばかり、**「思ったままを発言する」ことが美徳、あるいは正しい方法であるかのように誤解**します。

誰かのブログの記述が、たまたま気に入らないと感じた人が、その「気に入らなさ」を深い配慮もないままに率直に思いついたままコメントする。それを「面白い」と感じた人が、また過激なコメントをする。過激であればあるほど、ネット社会で注目を集めます。それが「共感」を集めて、より一層過激なコメントの殺到につながる。そういうコメントの発信は匿名ですから、**内容は過激・愚劣化の一途をたどる……**。「炎上」という状態に陥った人が著名な人だったりすると、それを新聞・雑誌・テレビなどの既存のメディアも「追いかけ報道」する。それを見て、さらに世間が面白がる。誹謗中傷の大きな渦の中で、本質などどこかにかき消されてしまいます。こんなことを繰り返していて、どうしますか。

だからこそ「間違った情報が広がることの被害の重大さ」について強く意識してほしくて、この話をしたわけです。

▼「書くこと、語ること」の「責任」と「危険性」を、改めて胸に刻もう

この問題は、何かの文章や論文を書く際に、誰にとってもつきまとう問題です。ものすごく怖いことなんですね。

このところ問題になっている、インターネット百科事典からのストレートな引用とか、ネットにおける不確か情報を「確かな情報」として引用、活用してしまうことの危険性です。

とにかく、その情報の確かさを「自分で、可能な限り検証したうえで、資料として活用して文章を書く」ことを怠ると、大きな危険を招くことになります。ときには、他人の人生を狂わせることだってあります。

これは大げさな話ではないのです。しかも、これまで述べてきたように、インターネットやSNSの広がりで、誰もが、マスメディアが持つような「スピーディーで広範囲な情報発信能力」を手にしています。みなさんの「発言」が瞬時に広がる世の中です。だからこそ、**「入手した情報の確かさの確認と、発信する際の慎重さ」は不可欠な条件**です。20年も前なら「個人が不確かなことを言ったって、まわりの数人に広がる程度。書くこと、発言することの怖さなんて、マスメディアで働く人たちの話」で済んだことかもしれませんが、今の世の中では、それが通用しないのです。

不確かな情報発信が多くの人を傷つけ、それが、自分自身へも必ずはね返ってくる。そんな時代なのです。

そのことは、社会を担う若いみなさんには、特に強調しておかなくてはなりません。

もう一度、これが言いたい

ネット社会では間違いが無限に増幅されて、被害が拡散する。

表現力を磨くには

▼何のために「伝える」のか

もちろん、ある情報を「正確に、大勢の人に広く伝える」ことは、大いに意義のあることです。社会にとっても大切なことです。

でも、ちょっと考えましょう。個人的な「情報伝達」の世界ではなく、まず、マスメディアについてです。

「ある内容を広く伝える」という作業が、メディアにとって真の「目的」なのでしょうか。まわりくどい言い方でしょうかね。

「情報を分かりやすく伝えるのが、目的じゃないか。それによって、読者とか視聴者が喜ぶじゃないですか。違うのですか?」

そう言われそうですね。

いえいえ、僕が言いたいのは、その**「伝える」という行動の「究極の目的」は何でしょうかという話**です。

その目的をきちんと自覚しなければ、「伝える」価値が半減してしまったり、「間違った伝え方」になったりするのではないですかってことです。

では、メディアが情報伝達する「目的」は、たとえば「伝えること」つまり「発信された情報」が「国民に届くこと」なのでしょうか? いえいえ、違います。それでは、不十分なのですよ。

「『社会がよくなる』ために、自分たちマスメディアが情報を広域発信する」ということが真の目的にほかなりません。

そうでなければ、マスメディアの存在意義が見出しにくくなります。役所や企業などから得ている数々の「便宜」の根拠も説明がつかなくなるのですよ。

メディアの人たちの「心の根っこ」の部分に、この視点がなければ、貴重な情報伝達も、価値が半減したり、逆効果を招いたりする危険があります。これは、みなさん一人ひとりにとっても大切な問題です。表現力を磨くことは、みなさんの「目的」ではありません。**みなさんの人生が充実するために、幸せな暮らしを手にするために、まわりの人たちも幸せにな**

るために、そのための「手段」として表現力を磨く必要があるのですから。

▼「社会がよくなるために」の視点の有無

身近な例で考えましょう。

全国各地に、たくさんのマスメディアの人たちがいます。取材活動を展開しています。でもね、彼ら彼女らが「今、自分が仕事をしている任地を、どれだけ豊かにできるか。そのために、自分たちはどんな報道をすればよいのか」と常に意識しているでしょうか。

僕には到底そうは思えません。

全国紙の新聞・放送記者諸氏を考えましょう。若い記者もベテランの管理職も「1〜5年」という期間、たまたま転勤でそれぞれの任地にいるにすぎません。

僕の新聞記者経験を振り返っても「他社に載っていない話を書こう」「自分が評価されるようなよい記事を書こう」とは思いましたが、赴任している地域を「豊かな社会にしよう」と意識する余裕はありませんでした。

まわりの同僚、先輩、会社の幹部たちとも、そういった論点で議論した記憶がありません。まあ、できが悪く「特ダネ」を書けない新聞記者だった当時の僕の考え方など、参考にはなりませんが。他社も含めて、全体の雰囲気はそういったものでした。「公共」よりも「自身の特ダネ意識」が優先していたことは間違いありません。

むろん20数年も前の話ですが、その後マスメディアの人たちの職業意識が、飛躍的に向上したとは思えません。同じような感性でしょう。

そこに、現代のマスメディアのおおいなる問題があるのです。

▼第二記者クラブの提案と挫折

僕が暮らしている群馬県に小寺弘之さんという知事がいました。

もう10数年前のことになりますが、この小寺さんが「県政第二記者クラブ」を作ろうと発案したことがありました。

みなさんご存じかもしれませんが、大手マスメディア、具体的に言えば通常の新聞社、放送局、通信社の記者が常駐する場所として、中央官庁・都道府県庁・市役所などが無償提供している部屋があります。「記者クラブ」「記者室」などと呼ばれています。この「記者クラブ」制度も問題が大ありなのですが、まあ、マスメディア論ではないので、詳しくは申し上げませんが。

ともかく、行政がマスメディアに「手厚い便宜供与」を行なっているのが日本の姿です。

群馬県庁内にも県政担当記者の部屋があります。前橋市役所にも、高崎市役所にもあります。ここの部屋代・光熱費・お世話役の職員の人件費などは役所もちです。おかしいでしょう？　だったら、「マスメディアだけでなく、どの民間会社にも便宜をはかってくださいよ」ってことになりませんか。

アイデア知事で知られた小寺さんが、いかなる考えだったか分かりませんが、そういった大手のマスメディア以外の、**県内のタウン誌・情報誌・出版社などに呼びかけて「第二記者クラブ」的なものの創設**を提案したのでした。

確かに大手マスメディアとはいえ、「県内の発行部数2～3万部程度の新聞よりも、主要都市で全戸配布しているタウン誌のほうが影響力に勝るのではないか」という論議はあります。

小寺さんがそう狙ったかどうかはともかく、そんな集まりが、県庁内で2度、3度と開かれました。

知事の真意をはかりかねた僕は、会議の席上、彼に言いました。

「あなたの発案は大切です。最も認識してほしいのは、ここの集まった県内各地の出版社やタウン誌の人たちは、この先も一生群馬で暮らす人がほとんどです。だから、群馬をできる限りよくしようと考えている人ばかりなんですよ。この視点は転勤族である記者にはありません。地元紙の上毛新聞にはあるかも知れませんが、少なくとも転勤族には、そんな視点を持てと言うほうが無理ですよね。ですから、地元メディアであるこの人たちを大切にしたほうがいい。取材・発信活動などへの可能な限りの便宜を図って損はないじゃないですか。県が県民への機能的な情報伝達を目指すなら、そう考えることが欠かせないのでは」

多少の無礼を承知で、そんな意見を投げかけました。

これは、僕の正直な心境でした。

結局、第二記者クラブは名目上誕生しましたが、実態としては機能しませんでした。さまざまな理由がありましたが、ここでは細かくふれません。

ただ、小寺さんから後日「**県の発展にとって、より有効な情報発信とはどういうものか**」という考えから発案したことだったと聞くことがあったことは、よかったと思っています。

ここで、僕がみなさんに言いたいのは、「相手に何かを伝える」「情報を発信する」際に、自分の情報発信が「社会にどれだけ役に立つのだろうか」と考え続けてほしいということです。

その視点を常に頭に置けば、どんな相手、どんな状況での「コミュニケーション」でも、より効果的なものになります。反対に、伝えようとしている情報を発信することが、「社会の発展に逆行するものだ」という考えにいたれば、その行動を抑えるという冷静さを保つ理由づけにもなります。他者を傷つけるような発信は控えるようになります。発信しようと思った**不適切な情報を、勇気を持って捨てられる**のです。

「伝える力。それを発揮する究極の目的は『社会に役立つ』こと。そうすれば、自分の人生も幸せなものになる」

そういった視点を、忘れないでほしいのです。今のネット社会では、一個人がマスメディアに匹敵する情報発信・伝達能力を持ってきているのです。だから、そういった「公共の視点」が個人にも求められる時代になったということは、強く意識してください。

もう一度、これが言いたい

「社会がよくなるために、情報を発信する」使命感を。

ネット全盛の時代だからこそ「文章力」が必要

誰もが「広く情報発信できるメディアを手にした」ってことは、もちろん、いいことには違いないんです。

「それは矛盾している。さっきあなたは『きちんとした表現力のない人が、広く発信できるって困った事態だ』って言わなかったかい？」

そう聞いてくる人もいるでしょう。

その通り、困るんですよ。だから「**誹謗中傷**」だの「**自粛強要**」だの「**炎上**」だのが起こるわけです。

そんなふうに困っているんだから、どうにかして「改善」しなくちゃなりません。改善のためには何が必要でしょうか。世の中のみんなが「きちんとした表現力」を持つことが欠かせません。そういう必要性が出てくるから「いいこと」なんです。そんなふうに考えられませんか。

必要は発明の母ですよね。何かが必要になるから、それを実現させるための手段や道具が生まれる。だとしたら、今の問題を解決するという「必要」の具体化には**「表現力を身につけること」が特効薬**になるのですから、誰しもが「きちんとした表現力を身につけるための訓練をする」、その動機づけになるじゃないですか。

手紙がすたれ、新聞が、本が読まれなくなってきました。

「文章がすたれてしまう」

そう思われがちですが、まったく違いますよ。

メール全盛時代だってことは、これまでの「手紙文化」がすたれ、日常的に文章を書かなくなった時代から、改めて「文章に、より親しむ」世の中になってきているってことじゃありませんか？

文章を書かなければ、メールも、ブログも、ＳＮＳもできません。ただ、現状では、これまでのような「美しい」「礼儀正しい」「みずみずしい」文章のやり取りになっていないことが多いだけです。僕のようなおじさん世代からすれば「暗号文のやり取り」にしか思えない文章が飛び交っているだけです。

でもね。それにしたって、電話の通話のように「言葉をやり取りしている」のではなく、間違いなく「文章をやり取りしている」のですよ。

その文章の精度、というか、そんな堅苦しい言い方をしなくても「文章の分かりやすさ」がアップしてくれれば、これは「文章表現力の時代」にとっては素晴らしい展開になるって期待が持てます。

▼文章はますます重要になる

文章表現力が上達すれば、どうなりますか。

メールなどのやり取りが一層上手になる？　そうじゃなくて、みなさんのこれから先の長い人生で、仕事や日常の暮らしのあらゆる場面で役立つってことです。

僕は、そういう考え方に立って、今の世の中は「文章がすたれゆく時代」ではなく「文章こそが中心になってゆく社会」だと思っています。もちろん、挨拶・スピーチ・日常会話・演説などの「言葉」も欠かせません。言葉のやり取りがなくなってしまったら、寂しいしね。

でも、もうずいぶん前から、企業社会では口頭連絡がなくなってきています。業務の連絡も上司が「○○さん、◇◇会社へ営業に行ってよ」「△△時までにレポート出してよね」と、部下に言葉で指示していた時代から、メール連絡ですからね。

僕らのまわりの友人知人のやり取りも、「通話」「会話」ではなく「メールによるやり取り」になっています。「週末、飲みに行きませんか？」のお誘いだって、電話という「音声」ではなく、メールなどの「文章」です。

アナログ人間の僕とすれば、言葉のやり取りをしたいところですが、確かにメールなどのほうが便利でもあります。言い間違い・聞き違いも防げます。

だからこそ、文章表現力の向上が欠かせないのです。

▼「真意」はなかなか伝わらないから

「週末、僕の家で宴会を開くことになりました。参加しませんか？」

こんなメールを親しい友人に送ります。するとこんな返信が届きました。

「先約があり、今回は欠席します」

間違いではない日本語です。簡潔明瞭、用件がはっきりと示されています。

でも、簡潔明瞭な文面だからこそ、冷たく感じることってありませんか。

紙の手紙にせよ、電子のメール画面にせよ、文章から相手の気持ちを読み取ることは至難の業ですね。日本語には昔から「**行間を読む**」なんて言い方もあります。文字にあらわれていない、その奥を読み取る力のことです。人間、すべてをストレートには表現できません。ですから、書く側は文章の裏側にひそむ「真意」をくみ取ってほしいと願い、読む側はその真意を推しはかろうとしてきました。

ところが、当節は「行間を読む」といった習慣は過去の物になりつつあるようです。まあ、小中高校の国語の授業でも、行間を読むという訓練はなされてはいないでしょうし。

とすると、その文章の内容をストレートに受け取るしかないのです。

ですから「先約があり、欠席します」の文章は、**なんとも味気なくて、冷たい印象**になります。

相手は欠席を残念がっているのか、あるいは、僕とはあんまり飲みたくないのか、体調が悪いから気をつかって「先約」と言っているのか、僕にはまったく分かりません。

これが面と向かっての言葉のやり取りなら、こうなるのではないでしょうか。

「うわあ、週末の土曜日ですかあ。仕事先の人と約束しちゃったんだよなあ。残念だなあ。でも行きたいなあ。それって日は変えられないの？　そうかあ、無理かあ。だったら僕のほうの『先約』の相手は、変えられないかなあ。無理かなあ。返事は1〜2日待ってくれる？なんとか考えてみるから」

そんな言い方が返ってくることがよくあります。

この返事が本当でも、嘘でもいいんです。そう言って「宴会欠席」を残念がってくれれば、「ああ、この人はいい人だなあ」って、僕もほっとします。それをメールで「先約があり、今回は欠席します」と書いてきたら、「この次に、また誘ってもいいのかなあ。僕って、実は嫌われているんじゃないかなあ」って不安になるのですよ。

こんな不安を抱えるのは、僕ひとりではないと思います。

かといって、「うわあ、週末の土曜日ですかあ……残念だなあ」みたいな言葉を、メールで書いてくる人って、そう多くはないでしょう?

でも、僕は強く思うのですよ。

「そういうふうに、思いっきり気持ちのこもった文章をメールでも書こうよ」と。

僕はけっこうそんなふうにメールに書きます。「文字」だけでは伝えられない感情を、なんとか表現したいからです。若者のように**絵文字も駆使します**。

(^^)/・(T_T)/~~~・(-_-;)・(^_-)-☆なんぞでね。

ひと昔前なら「……(笑)」とか「……(泣)」「……(怒)」くらいしかなかったでしょ? 今のメール時代のほうが、いろんな絵文字があって便利きわまりないのです。

もう一度、これが言いたい

メールは心躍ったり、笑えたり、ほろっとしたりする文章でありたい。

ケータイ、スマホの奴隷にならないために

若い世代をはじめ、僕らの世代もそうですが、ほとんど「ケータイやスマホの奴隷」と化していませんか。本末転倒ですよね。僕ら一人ひとりが「ご主人さま」で、ケータイやスマホは「使用人」のはずじゃないですか。

でも、ダメです。電話がかかってくる。メールやラインのメッセージが入る。「携帯品」ですから始末に負えません。24時間×365日、どこにいても手元にあるから着信音の連続です。

仕事をしていても、食事をしていても、車の運転中でも、着信音は遠慮会釈なしです。別にかまいませんよ、いつ鳴ったって。ただね。世の中全体に「着信があればすぐに出なければ」みたいな考えが常識になりつつあるような雰囲気があるじゃないですか。これはおかしい。

ラインが入ってくると、すぐにメッセージを読んで、返信しないと「礼儀知らず」みたいに言われるんですってね。すぐに対応しないと「仲間外れ」になったり「いじめ」にあったり。笑い話を通り越して、うすら寒くなります。

ネット返信への「過剰な義務感」は、昔あった「不幸の手紙」みたいですね。「何日以内に何人に手紙を出さないと、不幸になる……」のあれです。

なんか、**みんなが「子どもになっている」**みたいですね。

確かに、仕事の打ち合わせを兼ねた食事の場で、毎度毎度、そのほとんどの時間をスマホにかかりっきりの人がいます。僕は「全世界から、緊急の商用メールが入ってくるのだろうな」と「好意的に」解釈していますが、まあ、違うでしょう。こういう姿が珍しくないから困ります。

大人なら、「仮に仲間外れになっても……」の勇気と価値観を持てませんかね。うーん、でもちょっと難しいかな。子どもならさらに難しいかもしれません。でも、**「やっぱり、おかしい」と思い立った人がやっていくしかない**でしょう。

着信したラインを「後でゆっくり読んでもＯＫ」。内容によっては「しばらくしてから返信してもＯＫ」といった最低限のルールが社会的に定着するまでは。そうでないと、今以上に問題が起きます。

▼無礼千万なハナシ

僕の知人にも強者《つわもの》?がいます。ケータイをかけてきて、僕が他の人と通話中で3回出ないと、4回目に出たときに必ず「何度も電話したんだけれど、やっとつながった」と追及口調でしゃべり始める人。あなたが勝手にかけてきたのでしょうが。

3日前に、仕事上で、あることを知人に頼みました。その回答の電話がかかってきたのですが、人ごみを歩いていた僕は、着信音に気づきませんでした。その間に3回の不在着信と1本のメールが届いていました。最初の着信は、わずか20分前ですよ、20分前。

ようやく(「ようやく」じゃないよね)、僕が電話に出たら、「さっきから何回もかけてるけど、出ないからメールで送りました」と、明らかに「どうして電話に出ないのよ!」の口調です。

30分や1時間、電話に出られないときってしょっちゅうあるじゃないですか。誰かと通話中、会議中、車の運転中、映画館にいるかもしれませんね。病院だったりすることもあるでしょう。電車の中とかね。

ケータイがかかってきたら、「すぐに出なければならない」が、まるで常識みたいじゃないですか。こんなことを、いったい誰がはやらせたんだあ、なんて愚痴りたくもなります。

メールもラインなどもそうです。僕と仕事の話をしていた相手が自分のスマホにメッセージが入ったら、僕との会話を中断してスマホの操作にかかりっきり。

電話がかかってくる場合もそうですね。「相談があるから」と言うから出かけた先の相手と話している最中に、その人のケータイに着信あり。「ちょっと失礼しますよ」の断りもなく、その人は電話に出ます。

「おお、先夜はどうも。あの店の理紗ちゃん、よかったねえ。また飲みに行こうか。それじゃあ、よろしくね」

おいおい、相談があるからと呼び出した僕の前で、何をくっちゃべってるんだい。メッセージだったら、誰から入ってきたか分かるし、通話の着信だって、ほとんどは相手が表示されるじゃないですか。僕との話が済んでからかけ直せばいいだけのことでしょうが。

こういう態度が「無礼千万ではない。普通の対応だ」というような常識ができつつある気がします。だって国会議員が会議中にスマホをいじっていたりするのですから。

▼大人のマナー

間違えてはいけないんですね。

「24時間つながる通信機器」は便利きわまりなし、です。でも「24時間つながらなくてはいけません」という法律はないんですよ。このあたりを、社会全体が勘違いしているんですね。あまりにも便利な道具が手に入ってしまったことによって。

公私の私ならともかく、仕事中とか重要な相談中に、ケータイやスマホに対応するなど、失礼そのもの。たとえば、目の前の相手が、自分にとって「本当に重要な人」「きわめて大切な人」「気分を害したら、さしさわりのある人」だったとしたら、そういう態度に出ないでしょう。だから、そう対応されると、目の前の僕は「ずいぶん軽く見られている」と判断せざるを得ないのですよ。その人に悪気があるかどうかは別にしてね。

少なくとも、仕事などの公私の公の場では、相手と向き合っている机の上にケータイやスマホを置いておくのはマナー違反だ、というルールをつくりませんか？　男性なら上着の内ポケットかビジネスバッグに、女性ならハンドバッグの中にでもしまっておきなさいって。

「そんなの無理だよ。こんな便利な物を手放せるはずがないじゃないか」

こう言われそうです。そんなことはありません。

みんながケータイやスマホを抱えているのは「便利」なのと同時に、「カッコイイ」からじゃないですか。いつでもどこでも、通話ができる。メール送信できる。仕事先から、時に外国からかかってくる。「カッコイイ」ですよね。その姿に酔っているだけではないか、そんな見方も、けっして意地悪ではないと思います。

「カッコイイ」から常に持ち歩いているのですから、逆のトレンド・常識をつくればいいじゃないですか。

「公私の公、仕事の場、会議の場。そういう場ではケータイやスマホはしまっておく。即座に対応しない。これが礼儀をわきまえたカッコイイ大人のマナーだ」

そんなふうにね。ファッションの流行を常につくり続ける広告業界などにしてみれば、こういう戦略を立てることなど、たやすいことではないでしょうか。

僕は仕事で誰かと話している最中に電話があっても、緊急事態だと予想される着信以外には出ません。表示された相手の名前を見れば、「業務上の急用」か「飲みに行こうぜ」の相手かは想像つきますし。むろんインタビュー取材中などは着信表示も見ません。それが相手への礼儀です。最低限のマナーです。

これも「情報を捨てる勇気」以外のなにものでもありません。

若いみなさんも、この点は意識しておいてください。社会に出てから直面する問題です。

これはね、電話マナーの話ではなくて、自分自身の態度や行動が、相手にいかなる印象を与えるかを考え、マイナスになるようなことをすれば「損しますよ」という、**人としての表現力、というより品性の話**です。

▼ケータイ・スマホの「強者」とのつき合い方

そうそう、マナーといえば、「送信したものは、必ず着信している」というわけの分からない考え方が蔓延していることも、困った問題です。通話もメールなども、先方は送信したのに、僕のほうには着信履歴なし。だから、気がつくはずもなし。なのに、怒りの電話がかかってきます。

「電話かけたんだから、出ろよ」

「だって、昨日メールを送ってあるよ」

そんな「苦情」がよくあります。僕のパソコンとかスマホとかを見てくれていいですよ。どこに、あなたからの着信が残っているんですか？　そう言いたくなります。

相手のパソコンやスマホでは送信済みになっていたって、こちらが受信しないケースなんて、よくあるじゃないですか。

強者中の強者がいました。ある日スマホに電話がありました。そしたら、取引先の経営者であるその40代男性の声が普通ではないんです。

「おといからメール送ってるのに、『無視』ですかあ。むかつくなあ」

明確に、怒っている声。されど、僕のスマホには着信履歴なし。

「おとといも、きのうも、あなたからのメール着信はないよ。ほかの人や取引先からのメールは入ってきてるけど」

「そんなことない。おとといの昼と夕方。きのうの昼と夕方。合計4回送っている。送ったメールが着かないはずがない。もういいですわい。私はどうでもいい相手ですから」

これで、ガチャン。おいおい、何考えてるんだよ、これ。呆然としていたら、スマホのメール着信音が鳴り出しました。なるほど。おとといときのうのメールが4通、たった今、着信したじゃないですか。

用件は、そのメールを発信した『おととい』の夜に、「飲みに行きましょう。都合はどうですか」ってお誘いでした。どこに止まっていたのやら。僕はメールのシステムに詳しくないから、理由は分かりませんが、はっきりしているのは、こういう**送受信トラブル**はよく起こるってこと。これは誰だって経験していますよね。

つまり、僕は、その人からの怒りの電話の後になってはじめて送信されてきたメールについて「読んでいない。返信をよこさない」と抗議されたわけです。

おとといメールを2通送信して返信がなければ、「飲みに行かないか」という用件ですから、電話してくればいいだけのことじゃないですか。着信していないか、僕が大忙し状態か、病院にいるか、いろんな状況なんてすぐに浮かぶじゃないですか。

いい大人が、こんな状況。これも、ネット時代の笑えないジョークでしょうか。

だから、「確かめもせずに怒るな」と怒鳴りたい気持ちを抑えながら、僕は「まあ、また飲みに行こうじゃないか」という電話をかけ直したのです。「僕も、人間丸くなったもんだ」と苦笑いしながらね。

そんなふうに笑い飛ばさないと、やっていられないんですよ。だから、僕は「いらない情報が入ってきただけだから、それを**すぐに捨てればいいこと。腹も立たないさ**」という気分でいます。この姿勢は、必要なことだと思っています。まあ、こういう「**ケータイやスマホの強者**」って、よーく考えると、僕にとって仕事上の大きなメリットをもたらしてくれる人じゃなかったことにも気がついたので、なんとなく納得はしているのですがね。

それにしても、みんな「情報に振り回されない術」を身につけましょうよ。

もう一度、これが言いたい

公私の「公」の場でケータイやスマホを横に置かないのが「カッコイイ大人の流儀」。

「24時間つながる」じゃなく、「24時間勉強できる」

携帯電話やスマホなどで「24時間つながる」ことが大切ではないという話をしました。ただ、この便利な道具の「24時間、いつでも、どこでも」には、とても大切な機能があります。それは「**24時間、いつでも、どこでも、関心や疑問がわいたら、すぐに調べる、学習することができる**」環境が整ったという点です。

人間は、どんなに勉強を繰り返しても「これで十分」ってことはありません。よく言うじゃないですか、世間で。「生涯、勉強だ」。確かに、僕たちは多くのことについて「何も知らない」まま暮らしています。日常使っている言葉とかことわざ、慣用句、時事ニュース用語まで、ありとあらゆる分野で。言葉に詰まらずに語れるのは、自分の得意な分野、仕事の分野、趣味的に関心のある分野。そんな狭い範囲ですよね。

日頃、口にしている言葉だって、その本来の意味を知らないまま当たり前のように使っているじゃないですか。
「二束三文」「二枚目俳優」「一張羅」「油を売る」「押っ取り刀」「十八番（おはこ）」「くだをまく」「ネコババ」「ピンからキリ」「塞翁が馬」「引導を渡す」「うだつが上がらない」「うなぎの寝床」「折り紙つき」「書き入れ時」「金のわらじで探す（金＝かね＝、つまり鉄のことを、金銀の金＝きん＝と読む人は多いですね）」
「閑古鳥が鳴く」「漁夫の利」「玄人はだし」「逆鱗に触れる」「御託を並べる」「コロンブスの卵」「匙を投げる」「サバ（鯖）を読む」「三国一」「しのぎを削る」……。

これらの言葉は日常の会話でも文章でもよく使いますよね。

でも、この語源や意味を簡潔に説明できる人って、どれだけいますか？　前にふれた「ジンジャーエールのカナダドライとかウィルキンソン」といった言葉が「商品名なの、メーカー名なの？」もそうです。東日本大震災以降よく聞く「南海トラフ」って何のこと？　とかね。

外出先での友達との会話に、出先で見た新聞記事に、テレビのニュースに、当たり前に出てくる言葉について、僕たちは意味や語源を知らないまま、平気で使い続けがちです。

「あんまり聞かない言葉だから、まあ、意味が分からなくてもいいかな」

「普段使いすぎていて、いまさら人に聞けないよね」

そうなんです。その瞬間は気になるのですが、「後で調べよう」とメモにでも書いておく人なんてそうそういませんよね。ですから、家に帰るころには忘れています。何日か後、いえいえ、何カ月か後に思い出すことがある。そんな程度でしょう。

かといって、外出の際に分厚い辞書とか、電子辞書みたいなものを持っていく人がいるとすれば、これはかなりのこだわり屋さん。

そういう中で、ネット全盛時代は便利です。僕はネット検索して何かを調べようとするのは事務所内のデスクトップパソコンやノートパソコンです。なぜって、画面が大きいから読みやすいって理由。

でも、人並みにスマホも持って歩きますから、たとえば、知り合いとランチをしていて、「今言った言葉って、どんな意味だっけ?」となったら、スマホで検索します。**「思いついたとき」に調べないと、そのままになってしまう**ことが多いからです。

もちろん、その場は「このネット情報の真偽を確かめよう」とまではしません。日常会話の中でのことですし、その場で文章にしてどこかに提出するようなものではないからです。

「こういうことなのね。詳しくは、後で調べてみよう」ってことです。

それで事務所や家に帰ったら、できる限りの「情報の真偽に関する『裏取り』」をします。出先で検索したネット情報が間違いだったら、その間違いのまま自分の知識にしてしまうのがいやだからです。

▼書斎を携帯している

とはいえ、外出先でも瞬時に学習ができるわけです。かばんの中に百科事典などが入っていなくてもね。電車の中にいるときなんか、とても便利です。簡単に調べて、忘れないようにメモっておいて、後で詳しく調べる。それで、ひとつ賢くなったと思えば、「24時間、ケータイやスマホに縛られっぱなし」といううっとうしい気分が吹き飛びます。

「僕はケータイやスマホという使用人を上手に使う『ご主人さま』になっているね。よしよし」

そんな満足感にひたれます。

1日にひとつ、こんなふうに「賢くなった」「新しいことを覚えた」ということになれば、1年たったら365個の新たな知識を手に入れられます。

僕がこの先10年続けたら3650個。若いみなさんなら、この先50年続けたとして、1万8250個の知識を得られることになります。

そうやって調べた言葉や知恵を、日頃のメール、ブログ、ラインなどに積極的に生かしましょう。簡潔明瞭な文章の中にも、いろんな言葉が入ることで、潤いが出てきます。読む人の心が「ほんわか」したりします。

メールなどは「簡潔な文章にすべし」という声もあります。でも、僕は強く反対します。それを徹底させれば、あまりにも味気ない言葉の往復になるからです。心が豊かになったり暖かくなったりしてはこないでしょう。業務用の文章なら、それもありでしょうが、**日常での友人知人のやりとりに「ぬくもり」や「しゃれっ気」がほしい**のは、当たり前ではないですか？　それが人間社会じゃないでしょうか？

この「道具に縛られるか」「道具を使いこなすのか」の間には天地ほどの開きがあります。ゲームに興じるのも悪いとは思いません。息抜きの道具としての利用価値もあるのがケータイやスマホですから。ネット通販も市町村別の天気予報も必需品かもしれません。仲間同士の「回覧板」機能としてラインを積極的に使うことはとても便利なことでしょう。「着信したらすぐに読め」「すぐに返事をよこしなさい」みたいな**「変な常識」がなくなれば**、ですがね。

でも、そればかりだったら、やっぱりもったいないじゃないですか。便利な道具をできる限り生かしたいなあ。そう考えた場合、やっぱり、24時間、いつでもどこでも調べものができる、知恵が身につく**「書斎や勉強部屋を携帯している」**という気分でいたほうが得だなあと思うのですよ。

もう一度、これが言いたい

「これ、どういう意味?」と思ったら、いつでもどこでも即ネット検索は便利だ。

Ⅱ　表現を磨くことは自分を磨くこと

ミニ論文の書き方

▼冒頭に「言いたいこと」を

文章にせよ言論にせよ、表現力を磨くことは、「**自分を磨くこと**」にほかなりません。人生って「自己実現の旅路だ」なんて言うじゃないですか。自分というものをどう表現してゆくかということですね。ですから、表現力を磨くための汗は、いくら流しても「流しすぎ」ということはありません。それによって得をするのは自分自身ですから。

学生をはじめ、若いみなさんにつきものなのが「**論文**」や「**リポート**」提出です。まずは、**その書き方の基本**にふれましょう。

文章は、自分の言いたいことや考え方が、読む人にスムーズに伝わらなくてはなりません。「文体が整っていること」「誤字脱字・適切ではない言葉・差別的な言葉などがないこと」「相手にとって分かりやすいこと」などの基本的な条件がありますね。

今までにも、文章の基本形として「起承転結」なんて言葉を聞かされてきたと思います。そういった、小中高校での国語の授業は、それとして、ミニレポートとか小論文など、A4用紙2～3枚から5～6枚程度のものであれば、僕がお勧めしたいのは、**「最初の段落に一番言いたいことを、明確に打ち出すべし」**ということです。

何やら新聞記事みたいですね。確かに起承転結で順序立てて書いていくことはひとつの基本ですが、なにせ、「長い文章が読まれない傾向」の現代です。A4用紙に1行40字×35行書いたって、単純計算で1400文字あります。4枚なら5600文字ですね。新聞のトップ記事だって1200～1600文字程度です。その程度の分量でも「読まれない世の中」だとしたら、みなさんの論文はもっと長い文章ですから、読んでもらうのは大変だということです。「いかに読まれるか」をきちんと考えなければなりません。

起承転結スタイルできちんと論理立てて順番を整えることにとらわれすぎて、「結論」とか「言いたいこと」を最後に持ってくると、読み手がそこまで読み進んでくれない恐れがあります。

スポーツイベントや音楽イベントならば、一番いいところは最後の最後「メインイベント」ですし、観客もその「最後」に期待しています。

でも、みなさんはじめ、僕たちが書くリポートや論文などは、読み手も辛抱してはくれません。やはり「冒頭に結論ありき」が、一番分かりやすいはずです。

書き出しに「結論」があれば、読む人の理解もスムーズに進みます。「読みやすい」「内容が頭に入ってきやすい」こと、この上なしなのです。

そして、自分で調べた情報や知識をもとに、**「自分が言いたいこと」を明確に主張**してください。学生の小論文などでは、その論文全体が、いろいろな資料からの引用文に終始して、最後の段落に「自分の主張」がチョコチョコって書いてあるような内容のものをよく見受けます。これじゃ、せっかく書いたのに、もったいないのです。

「僕はこう思います」「私はこれが言いたいのです」。この要素が明確でなければ、読み手を引きつけることはできません。

文章は論理的であることが必要です。日本語としての文法にのっとっていることも大切です。これは基本ですね。

でもね。若いみなさんには、「若さ」という大いなる武器があります。文法を、論理を、あるいは「世間常識」を多少は逸脱しても、その若さゆえの強烈な主張があれば、読む者にインパクトを与えられます。魅力的な文章になります。「常識の殻を破るような」または

「妙に大人びていない」文章と言ったらいいかもしれません。

ですから「こんな意見を書いたら、笑われるかも」などと怖じる心配はご無用。

若者には「破格」という言葉がよく似合います。これは紛れもない事実ですから。

▼読みやすい文字、体裁

パソコン入力の場合、本文の文字フォントは明朝体で、大きさを11ポイント（15・5級）程度にしてください。

11ポイントという大きさは、若いみなさんには「大きすぎないか」という印象があるかもしれませんが、50代以上の世代相手には、最低限これくらいの大きさでないと「読むのがつらい」のです。

この**「相手に、いかに気分よく読ませるか」の工夫**は、長い人生、常に要求されるテーマです。手書きの場合は、楷書で丁寧に書いてください。僕のような「悪筆」の人間が「殴り書き」のようなことをすると、相手は読む気がなくなりますよ。

行間、つまり行と行の間隔も狭すぎたり、広がりすぎたりしないよう配慮しなければなりません。

改行で生まれる余白の効果

文書の体裁の問題です。

6～7行をめどに「改行する」ことです。これによって、紙面に「余白」が生まれ、読み手にとっては「気分的、視覚的に楽になって」、読み進めようという気になります。慣れない人の文章で、用紙1～2枚、ずっとひとつの段落という書き方が少なくありません。これは絶対に避けなければなりません。

小見出しが欠かせない

内容のひとまとまりごとに、その内容を要約した「小見出し」、いわゆる小さな題名ですが、これをつけるようにしましょう。これによって、相手の読む気力と内容への理解度が倍加します。本文の文字が明朝体だとすれば、その文字より少し大きめのゴシック体が視覚的に有効です。

句読点に気をつけて、文を短く切る

文章には句読点《くとう》があります。句点は、文章の終わりにつける、いわゆる「。」記号です。

口頭では「マル」と言いますね。読点は、文の途中の区切りにつける、いわゆる「、」記号です。口頭では「テン」と言います。こうした記述記号を総称して「約物《やくもの》」と言いますが、この言い方は日常ほとんど使われていません。

▼ここでも捨てる勇気

大人や年配の人でも、文章を書き慣れないと、句読点のうちの読点つまり「、」を多用して、句点つまり「。」なしにダラダラ書き続けて、そのあげくに、文章の意味が分からなくなったり、文意が逆転してしまったりすることがよくあります。これって、けっこう大切なポイントです。用紙1枚で40行にもなる一段落が、すべて「、」でつながれて、最後の最後にようやく「。」で終わるなんてことも珍しくありません。

書いている本人は、その文章の意味が分かっているのですが、読む人にとっては理解不能ですし、読むことに疲れます。

まずは、ひとつの文章に「、」を多用しない、「**読点を捨てる勇気**」を持って「ひとつの文は、短く切る」を心がけましょう。

国語の文法の時間ではないのですから、特に気になることだけをあげましょう。

日本語は「主語を省略」する言語だと言われます。このことから、「誰が」「どうした」の主語と述語の関係が混乱したり、分かりにくくなったりすることがあります。僕は、主語はできる限り省略しないほうがよいのではないかと思います、分かりやすさを優先するという意味で。これは「**主語を捨てない勇気**」ってことでしょうか。

接続助詞としての「が」は、できる限り使わない、つまり「**『が』を捨てる勇気**」を持つことが大切です。「が」には「逆接」（例・春になったが、まだ寒い）、「前置き」（例・海岸へ行ったが、期待通り美しかった）、「対比」（野球ファンだが、ラグビーも好きだ）などの役割があります。

そこで「……が、……」で文章をつないでいくと、その文章がいくらでも長くなります。しかも「が」を使うと、さほど不自然さを感じません。むしろ格調高いように誤解してしまったりします。そのうちに、「逆接」「前置き」「対比」などの役割があやふやになりがちです。「が」は魔物なのです。

文章と文章をつなぐ接続詞の多用も、同じ「落とし穴」が待ち受けています。「順接」の「だから」「そこで」「したがって」「ゆえに」。「逆接」の「しかし」「けれども」「でも」。「並列」の「また」「ならびに」「そして」「それに」。「対比」の「一方」「逆に」。「補足」の「ただ」「ちなみに」。「言い換え」の「つまり」「すなわち」。便利な言葉なので、ついつい使いたくなりますが、文章がダラダラと長くなるだけです。そのうちに、文意が逆転したりしてしまいます。書いている本人がそれに気づかないこともあります。こういう落とし穴を避けて、文章を歯切れよく、分かりやすくするには、これらを「捨てる」勇気が欠かせません。物足りないと思っても、**勇気をもって接続詞を捨ててみてください**。それがなくても、読みやすい文章になっているものです。「あれれ」と思うかもしれませんね。

▼引用資料の出典明記

そして、「引用」の問題です。

「学ぶ」は「まねる」から始まります。他の文献の「引用」は、みなさんが資料に当たったという「勉強」の証です。ただ、世の中の著作物はすべて、作者の「著作権」として法律で保護されています。その人の「財産」であるわけです。ですから、勝手に使うことは基本的に許されません。

みなさんが小論文に引用する際には、必ず「出典」つまり誰の何という本や資料からの引用だという出所を明記しなくてはなりません。

わずか4~5枚の小論文を書くうえでも、参考になる資料や文章の引用が必要になることでしょう。もちろん、引用が悪いことではありません。でも小論文の中で、「この部分は引用です」ということがハッキリ分からないといけません。

ハッキリ分かるには、どうすればいいでしょうか。

引用部分の最初や末尾に書名や著者名などを表記することは基本中の基本。引用部分の段落だけ、横書き文章なら左側1~2文字分のスペースを空ける。あるいは縦書き文章なら上側1~2文字分のスペースを空けるのも有効です。引用部分の前後を1行ずつ開けるスタイルも読みやすいものです。

その引用をふまえて、自分の主張はどういうものか。それを明確に書くのが若いみなさんに要求される論文です。

引用はあくまで「参考資料」。出典を明記したうえで、「自分の主張や考え」を最大限強調するような文章表現の工夫こそが、論文提出の最大の意義です。そうした「自己の論理的主張」は、これからの人生で強く要求されることですから。日頃からその点を意識して、文章を書いてください。

自分が書いた文章は保存しておきましょう。後で改良して使ったり、文章力向上の参考資料にできたりします。パソコンで打つ場合なら、書いた文章は保存されるからいいですね。手書きの場合は、提出前に必ずコピーしておきましょう。自分が書いた文章です。その文章の著作権者はみなさん自身です。自分の財産なのですから大切にしてください。後々読み返すのも楽しいじゃないですか。

もう一度、これが言いたい

「読点」つまり「、」と、文をつなぐ接続助詞の「が」を捨てる勇気を持つ。

文章表現力がアップすれば、言葉の表現力もアップ

文章表現力を磨くこと。これは文章を書くことを職業にしている者だけにかかわる課題じゃありません。子どもから高齢者まで、**すべての人にとっての共通課題**にほかなりません。きちんとした文章が書けてはじめて、きちんとした言葉が語れるようになるからです。

もちろん、会話は耳から入ります。けっして書き文字が最優先ではありませんよね。僕たちは、難しい漢字や熟語などを習う前に、まず日常会話を身につけてしまいます。必要最低限の日常会話のための言葉という意味ではね。

でも、きちんとした場での言葉とか、相手に分かりやすい語り方、聞く人に感動を届けるような語り方は、**日常の継続的な訓練**なしには身につきません。きちんとした原稿を書き、それを繰り返し読む。そんな反復練習ですね。

これは政治家の演説でも、僕たち一人ひとりの自己紹介の挨拶でも同じことです。自分が

暮らす土地によそから仕事や観光できた人への、この地の紹介にしてもそうですね。「どうですか？　この街は。どんなところですか」

そう聞かれて、すぐにきちんと話ができる人は、実はそうそういません。

学校のサークル活動で、社会人になってからの仕事の場で、シニア世代の集まりの場で、「お互いに自己紹介しましょう」という話になっても、自分の存在を強く印象づける挨拶ができる人は少ないものです。

もったいないなあ、せっかく自分が暮らしている土地や、自分自身についてアピールできるチャンスなのに。

これは、その人の表現能力が劣っているとか劣っていないとかの問題ではありません。きちんと頭の中で整理した文章を書いておいて、それを繰り返し読む。そして実際に語ってみる練習をして、その文章をほぼ暗記する。そんな練習を日々続けているかどうかの違いです。

僕はいつもみなさん（とくに若い学生のみなさん）に提案しています。**「自分自身の紹介」「自分が住む都道府県とか市町村の紹介」**の、少なくとも2点については、全員が**「3分スピーチ」**できるよう、あらかじめ文章を練って、それを暗記しようということを。

だって、思いませんか。いい年をしたおじさん世代の社会人、つまり僕のような世代ですね。そんな人がイベントやパーティーなど、あるいは仕事の場で**初対面の相手に自分の名前や会社名を名乗る際の物足りなさ**、というか分かりにくさといったらありません。

▼自己紹介の方法

「○○会社の△山◇夫と申します」

名刺を差し出しながら、どなたもこんな言葉のみ。そういうことって多くありませんか？

もっとひどいのは、会社名などの所属先を省略して「△山◇夫です」のみ。

名刺の文字って小さいじゃないですか。だから40代後半以降の人にとって、何が書いてあるか分からない場合が多いんですよ。特に室内の照明をやや落としたパーティーなどの席では、ね。

「名刺をくれたこの人、いったいどういう人で、何している会社の人なんだろう？」

パーティーが終わるまで、僕はいつも戸惑います。

社名を言われたって、名刺交換する人の大多数は、その社名を聞いても「何している会社かなあ」でしょ？

そりゃあ、国や県市町村の役所とか、「○○銀行」「△△信用金庫」「◇◇建設」「◎◎電気」「□□食品」など業種が社名に入っていれば、想像はつきます。「○○新聞」「◇◇放送」などのマスメディア業界も分かりやすいですね。でも、ほとんどは、社名だけでは分かりませんよ。

もったいないなあ、こんな場で自分を正確に表現できない人のほうが多いなんてね。

一期一会なんていう言葉を持ち出すまでもなく、ビジネスでも日常生活でも、人と人との出会いは、その場限りのことが多いもの。でも、もしかしたら、初対面で挨拶した人が、自分にとってとんでもなく貴重な人である可能性は捨てきれませんよね。

どうして言わないのでしょうか？

「はじめまして、私の会社は◇◇の商品を扱っております」

「△△を造る仕事をしております、○○会社の◇山◇夫と申します」

そんなふうに。

あの長嶋茂雄さん、王貞治さんクラスだったら「はじめまして。長嶋茂雄です」「王貞治です」で、ほかに説明の必要はないかもしれません。でも、そんな日本史年表に残る超有名人のことも、野球人気が低下した今、おおむね30代から下の世代では、おそらく分かりませんよね。現職の首相、今は安倍晋三さんですが、彼なら「安倍晋三です」でかなりの国民が分かることでしょう。それだって、全国民が知っているかと言えば、それは無理な話です。

だから有名な作家さんや俳優さん、ノーベル賞を取った世界的な科学者さんだって、国民の誰もが名前と顔と活動内容を知っているかと言えば、どう考えても「ノー」でしょう。

だったら、普通の僕らはどうしたらいいのでしょうか。

僕は名刺交換の際には、必ずこんな言い方をして名刺を渡します。

「高崎市で小さな出版社を営んでいます」

「笑う地域活性本『群馬の逆襲』（２０１０年、彩流社＝後に言視舎から改訂版）シリーズを刊行して、群馬の飛躍を目指した取材・啓発活動を続けています」

「前橋市内の明和学園短大で、地域文化や食文化などを教えています」

このどれかにしたり、３つのうちの２つを言ってみたり。そうやってはじめて、僕が何をしているかが、おぼろげながら分かってもらえるってもんです。

「はじめまして。木部克彦です」

世間でよくある、そんな言い方だけだったら、「どこの馬の骨がきたか」といった程度の受け止め方しかされないわけです。

こうやって、一期一会的に「その場限りの出会い」で終わってしまったかもしれない人たちから、後日手紙やメールをもらうことがよくあります。それは、僕の自己紹介に多少のインパクトがあったからではないかと思っています。密なつき合いになった人も大勢います。

会社の名刺を出す人の場合なら、**せめて社名の前に「業種名」を言い添えてくださいよ。**

それなしには、出会ったばかりの人に自分を印象づけることなんてできませんから。

これも、表現力にとって大切な要素です。

もう一度、これが言いたい

初対面の人への挨拶文章をつくり、いつでも言えるように覚えておく。

言葉は時代とともに変わるけれど、「美しさ」を保ちたい

言葉は時代と共に変わってゆく「生き物」ですから、文章も話し言葉も僕の両親の世代と僕自身の世代とではかなり違います。古文の授業なんて、完全に外国語ですからね。ということで、僕の世代とみなさんの世代でも、当然かなりの違いがあることは当たり前のことでしょう。

僕たちには抵抗のある「**ら抜き言葉**」も、若いみなさんには当然ですよね。

「食べられる」→「食べれる」

「見られる」→「見れる」

まだまだ、顔をしかめるおじさん、おばさんは多いことでしょう。僕も抵抗があります。これだって、何年かたって「ら抜き」人口が半数を超えれば、「正しい日本語」になってしまうのでしょう。

分かりやすい例では、式典やイベントの挨拶によく出る「**役不足**」も、今や60～70代以上の人でも「謙遜語」として使います。本来の意味からすれば誤用ですね。

「この大役を担うには、私の力では及びません。はなはだ『役不足』ではございますが……」。こんな言い方で「謙遜の気持ち」を表現しようとします（本来なら「役不足」ではなく「力量不足」と言うべき）。でも、役不足は与えられた役割が小さくて不満なので「抗議」するための言葉です。

「こんな役目など、私の力からすれば物足りない。もっと重要な『役』こそ、私に見合うものです」

だから「役」が「不足」なんです。これも、謙遜語として使う人が半数を超えれば、「それは意味が違うよ」とは言いにくくなりますね。

「**やばい**」もそうです。

僕らから上の世代は「やばい」は「よくない」という否定の意味ですが、若者の世代だと「よい」「面白い」「（景色が）きれい」など肯定する言葉ですよね。

北海道の観光地で海を見ていた20代とおぼしき女性ふたりが、さかんに「やばい、やばい」を連発。誰かが海岸でおぼれているのかと思ったら、これは「海がきれいで、素敵」という意味ですから、僕たちにはお手上げです。

南国の観光地でジャングル探検ツアーに参加したことがありました。終わってからホテルに帰るために、大学生の女性3人と僕たち夫婦が一緒の車に。雑談中に、どうでもいい「おやじギャグ」をかましたら、3人が「木部さん。それ、やばい、やばい」の声が。

僕は判断に苦しんで、彼女たちに聞きました。

「その『やばい』って、『ダサいおやじギャグはやめろ』って意味？　それともみなさん世代ならではの表現で『うまいギャグだ』ってほめられているの？」

「もちろん、『面白い』って意味ですよお。やだあ、『やばい』に違う意味があるんですかあ」

そうですか。ありがとうございます。どうやら僕への「やばい」は、ほめ言葉だったようです。でもまあ、僕自身はほめ言葉として使う気はありませんが、しかし、言葉は確実に変化していきます。それは、自然な流れでしょう。だから、若者言葉にもできるだけ慣れようとはしています、僕自身。

「キムタク」「マツジュン」「フカキョン」「コジハル」「タカミナ」……。僕よりちょっと年上の世代は、こんな言葉を耳にして「何のことか分からない」と文句を言う人もいます。ああ、「キムタク」はさすがに分かるかもしれません。でもこれは、文句を言うのが筋違いだなあ。

だって、俳優や歌手などの有名人を略語で呼ぶスタイルは、昔からあったじゃないですか。「マッケン」「カツシン」「シムケン」……。

もっともっと前の時代、戦前からもありましたよね。「バンツマ」「アラカン」「バンジュン」……。若いみなさんには「難解な」人名が続きました。これらはネットでキーワード検索してみてください。その役者さんが出ている映像に出会えることでしょう。

そんな人名の略し方なんて、世代を超えて当たり前のことなんですよ。だから、省略は悪いことではありません。問題は、その人の知名度の大きさですが、それよりも語呂とか響きのよさが大切であることは、言うまでもありません。

ただ、どの世代の人も、現状での「最大公約数的な表現」「最も一般的な言葉づかい」は身につけておかなくてはなりません。同じ日本の中でお互いにコミュニケーションを取るのが社会生活ですから。だから「**一般的」の目安として便利な新聞や本を読み、テレビニュースを見よう**と言っているのです。

もう一度、これが言いたい

僕は「キベカツ」とは呼ばれたくないなあ。「ハムカツ」みたいな響きだしね。

敬語と人への眼差し

時代による言葉の変化は当然ですが、いつの時代も人は「美しい言葉」「丁寧な表現」に背を向けてきたことはありませんでした。通常の文章や言葉を、必要以上に省略することも、「美しい」とは考えてきませんでした。

日本語の独特な表現方法である「敬語」「丁寧語」「謙遜語」も大切な文化として守り継いできました。

そんな敬語・丁寧語は、何のために使うのか。書き言葉でも話し言葉でも。そこを考えておいてください。話す相手に敬意を払う、あるいはその人の立場を思いやる。そんなとき、人は敬語を使います。敬語とは、単に「丁寧な言葉」ということではなく、相手へのやさしい気持ちが言葉として現れた結果なのですね。その優しさがなければ、敬語も「陳腐な堅苦しい言い方」でしかないのです。

▼大災害だけ「敬語」になる

２０１１年には東日本大震災がありました。地震・津波・原発事故。いまだに復興の道筋は明確ではありません。２０１６年には熊本地震で大きな被害が出ています。こんなとき、特にテレビ、そして新聞も含めてですが、普段の報道ではさほど使わない敬語を使います。

「被害に遭われました」

「亡くなられました」

「避難生活を送っていらっしゃいます」

「大変不自由しておられます」

確かに間違っていない日本語です。でも、どこかに違和感がないですか？　そうなんです。**大事故・大災害などの際には、報道各社は敬語**なんですね。でも普通の事件事故・災害では「被害に遭った」「死亡した」「生活を送っている」「不自由している」です。

大地震のニュースでも、「避難しておられた方々の一部が……帰宅しました」と、ひとつのニュースの中で敬語と普通の言葉が混在するのも、平気ですね。

大地震で命を落とすのも、たまたま自宅近くの用水路に足をすべらせて命を落としても、失われた命の重さに違いがあるはずはありません。たまたま交通事故で命を落とした人の場合も同じですね。本人や、その家族が受けた衝撃は、大地震でも小さな交通事故や転落事故でも変わりません。

間違えないでほしいのは、大地震の被害者に敬語を使うことがおかしいのではありません。大変な苦痛を背負った人たちです。いくら丁寧でやさしい言葉で表現しても、しすぎということはありません。

ではなぜ、1人死亡の交通事故の被害者に敬語は使わないのでしょうか。どちらの被害者も、命の重さに変わりはないのに。命の大切さを考えるなら、いかなる事件事故の被害者にも敬語・丁寧語を使えばいいじゃないですか。

これは、ひとえにメディア側に「報道に当たる者は、客観的な視線・態度で取材対象に当たらなければ、報道内容がゆがむ」という基本が浸透しきっていないだけのことです。そんな教育が不足している若手記者やアナウンサー、あるいはそういう教育を受けていないリポーターたちが、大災害の現場で、目の前の悲惨な状況に目を奪われ、冷静さを失って、「ああかわいそうだ。丁寧な言い方をしなくてはならない」と思い込みます。もちろん、ひとりの人間としては必要不可欠な感性です。だからといって報道で「とても悲惨だから敬語や丁寧語。そうでなければ、普通の言い回し」じゃ困ります。

でも、現実には「被災者の方々は……していらっしゃいます」を連発し、同じ番組内で次に別の事故報道に移ると「はねられ死亡しました」の表現です。聞くに堪えません。

大災害の被災者は、あまりにも悲惨だから「敬語にしないと、視聴者やスポンサー企業からクレームがつくかも。ここは無難に」といった不安があるのかもしれませんね。

熊本地震の被災者の苦痛も甚大ですが、街中の出会い頭の交通事故で死亡したお父さんの家族も、「一家の大黒柱を失い、これからどうするのか」という意味できわめて悲惨です。だったら、同じように敬語・丁寧語であるべきではないですか。

▼過度の感情移入はマスコミ報道でも

この点について、多くのマスメディアの人たちに質問する機会がありますが、分かりやすい回答に出会ったことがありません。心ある若い記者たち、きちんとした使命感を持った記者たちなら、社会的にどんなに小さな事件事故でも、「失われた命」には敬語・丁寧語で報じるべきではないかと悩んでいる人がいるかもしれません。

一度、試してみたらいいのです。どの記事、どのニュースの被害者にも、新聞で言えばわずか10行程度の交通死亡記事でも、「車が衝突して死亡した」ではなく、「車が衝突して亡くなった」と書くようにしてみれば。

それは「命」への敬意をはぐくむ訓練になるはずですから。

人間として、悲惨な大災害を前にして感情が高ぶるのは当然ですが、被害者に過度の感情移入をしていると、いずれは報道の内容がゆがみます。だからこそ**「冷静な視点と姿勢」が要求される**のです。

もちろんこれは、メディアの人向けに言っていることではありません。今日では、みなさん全員の課題となるから、強調しているのです。

つまり事件事故の内容によって、あるいは被害者の違いによって、普通語と敬語を使い分けるダブルスタンダード報道を見ているみなさんにも、知らず知らずのうちに「区分け意識」「差別意識」が形成される危険があります。「人はみな、平等」の理念をどこかでないがしろにしてしまう。そんな価値観が生まれやすいのです。万一、そんな価値観で一人ひとりが情報発信したらどうなるか。怖くて仕方がありません。

そうならないために、**テレビなどを「反面教師」として、自戒するための材料にすること**もまた、みなさんの表現力向上のためには有効だと言えるでしょう。

もう一度、これが言いたい

安っぽい、あるいは青っぽい感情論から敬語をつかうべきではない。

「教師」であり「反面教師」であり

既存のメディアの使い方

「伝える力」を身につける、磨いていくことにおいては、「既存のマスメディア」の活用は現実的な方法です。今日においても、役所や企業、各種団体が発信する文章よりも、一般新聞の記事のほうが、明らかに分かりやすいものです。「紙面」という制約がありますから、コンパクトでもあります。エッセー集やルポルタージュ、小説などの「本の世界」も、同じように有効です。

みなさんにとっても、こうした**簡潔で分かりやすい文章をお手本として**活用することが大切です。具体的には**「ひたすら読む」、そして「書き写す」**（キーボードをたたくことも含めて）という作業の反復です。これによって表現力が身につきます。訓練していけば、その力が向上します。「伝える力」つまり表現力という「人間力の基本」は、いくら磨いても「ゴール」はありません。磨けば磨くほど、得をするのはみなさん自身です。

だから、新聞を、本を読もうという話になります。

「情報収集？　新聞を読まなくても、ネットで見ています」

その通りです。僕もネットのニュース画面を毎日見ます。マスメディアからの情報も配信されていますし、かなりの情報は入ります。

ただ、「新聞や本を積極的に読むべし」の狙いは、情報収集ではありません。

「それを読み、よい文章は書き写してみることで、自分自身の表現力を磨く訓練になる」

これが最大の意義なのです。

ここは勘違いしないようにしてください。

▼発信することの恐ろしさ

「伝える」ことは、人間社会にとって最も大切なことです。同時に前でも述べましたが、「伝える」「発信する」には、大きな責任がつきまといます。

昔流の「個人の日記帳」なら、何の問題もなし。でも、今は誰もが広範囲に発信できます。

「**広く社会に向かって書くこと、語ることは、とてつもなく恐ろしいこと**」なのです。

「自分の発言に責任を持つ」ということは、僕たちの社会が守ってきた基本中の基本たるルールでした。現代社会では、伝える力の「大切さ」「意義」「責任」と、同時に存在する

「危険性」を学ぶ機会のないまま、小中学生のうちから、ネットによる「広く伝える力」を手にしてしまいます。これを「きわめて恐ろしいこと」ととらえてほしいのです。

便利な道具を使うな、と言うのではありません。

ただ、その道具を無秩序に使い回すことによって「言いたい放題」「傷つけ放題」の殺伐とした社会をつくってしまったら、今の若者にしたって、将来ものすごく暮らしにくい世の中になってしまうのではないですかと、心から心配しているのです。

だから、現代の子どもたちには、たとえば小学生のうちから、伝える力の「大切さ」「意義」、そして「責任」「守らねばならないルール」「危険性」を学ぶ機会をきちんと設けなければならないと痛切に感じるのです。むろん、その環境をつくるのは、僕たち大人の責任であることは言うまでもありません。

テレビ、新聞などの報道には、「**言葉の訓練上、教師の役割を果たしている**」こともあれば、「**ああ、このケースは反面教師としてとらえるべきことなんだな**」ということもよく出てきます。何のための反面教師かというと、みなさんに「言葉に敏感な」人間になってほしいからです。そのための参考材料なんですよ。

▼別の意味になってしまった「粛々」

言葉は実に難しいものです。

２０１５年春に世間を騒がした「**粛々**」は典型ですね。

沖縄の米軍基地移転問題で政府の言う「粛々と進める」について、沖縄県知事は「上から目線だ」と猛反発しました。

「粛」という漢字の本来の意味は「つつしみ、かしこまる」「身を引き締める」「おごそかに」ですから、本来は「上から目線」であるはずもなし。でも長い間、沖縄に外国軍基地という苦痛を押しつけてきた歴史を見れば、知事の反発に共感を覚えるのは自然な感情かも知れませんね。

「粛々と進める」という言葉が「負担を背負う沖縄県民の心に、つつしみ深くおごそかに向き合ってゆく」とは聞こえずに、「地元がどれだけ反対しても、私たち政府には政府の確固たる方針がある。確実に工事を進めますよ」に聞こえるのは沖縄県民だけではないでしょう。

知事選や衆院選で、基地の県内移転に反対する声が勝利した結果を受け、首相に面会を求める知事を避け続けたのは政府。普通の感覚なら「首相と知事が会って話し合うのが、人としての筋でしょう?」となります。これが市民感覚です。それに欠けるから政府の「粛々と」が、本来の意味である「つつしみ、かしこまる」に聞こえないのです。

以前、治安の低下にからんで「三国人が……」と発言して、問題発言だと追及されると「三国人とは自分の国以外の『第三国の人』のことで、他意はない」と開き直った人がいました。

冗談を言ってはいけません。**長い間日本では、中国人、韓国人などアジア圏の外国人を侮蔑する言葉として「三国人」と呼んできた歴史があります。**アメリカやヨーロッパの人たち（いわゆる「先進国」って区分けです）を三国人とは呼びませんでした。そういうふうに侮蔑語として使ってきた歴史があるし、今でもそのニュアンスで口にされることが多いから問題発言なのです。だからこそ、そんな暗い歴史のある言葉を使うことには慎重でなければならないのです。これは、みなさんも、自分自身への戒めにしてください。

▼「勘違い」発言は反面教師にする

よく話題になる「**感動を『与える』**」も同様です。これは、アスリートをはじめ、スポーツメディアもよく使う言葉です。

この「与える」という言葉が「人を見下している」「いや、そうではない」の論争があります。僕は、そんなことどうでもいいんです。言葉の意味からすれば、どちらも正しいからです。

問題は「感動を与えるプレーを」と口にするアスリートに、意識してもしていなくとも「自分の卓越した技術を、みなさんに見せてやるから感動せよ」という勘違いに基づいた「上から目線」があることなのです。

たとえば、巨額の報酬を得るプロの野球やサッカーの選手。大相撲の力士などなど。彼らが大金を手にできる理由を真剣に考えなければなりません。

ボールを木の棒でぶったたいて遠くへ飛ばすから、とんでもなく速いボールを投げられるから、天才的なシュートを打てるから、とてつもなく速く走ったり泳いだりできるから、大男同士が押し合ったり投げ合ったりするから、巨額の報酬が生まれるわけではありません。それを見にくる観衆がいる、関連グッズを買う人がいる。**そういう「ファン」がいることが、報酬の源泉**なのです。

考えてみてください。卓越した技術のプロのアスリートの価値は、それを見にくる観衆がいなければ存在しません。大観衆がやってきてお金をつかうから、球団などを運営する企業が潤い、選手に何億円も払えるんですね。ファンがいなければ「売り上げ」は生まれないのです。そこを勘違いしてはいけません。でも、現実には選手もメディアも勘違いしているから「感動を与える」になるわけです。

純粋に、その仕事の価値を比べてみましょう。

大きなホームランを打つ「カッコイイ」プロ野球選手と、おいしい米や野菜をつくれる農家の人は、どっちが偉いか？　答えは分かりきっています。**「どちらも同じように偉い」**のです。食べ物がなければ、人の命はすぐに尽きてしまいます。そのことだけで判断すれば、農家のほうが価値として上かもしれません。でも、ホームランや豪快なシュートを放つ姿を見る興奮や感動も、人間にとっておおいなる栄養になります。

こうした考えで「感動」を「どうする」と表現するのがいいかを探れば、答えが出てきます。いろんな言葉があるでしょうが、まずは「感動を与える」ではなく**「感動を届ける、伝える」**にしたほうがすっきりします。これなら、プレーヤーと観衆の双方が同等じゃないですか。

勝負に敗れたスポーツの選手や監督にありがちな**「今日は何も言うことはない」のメディア応対も言語道断です**。こういう人たちも、「自分の報酬が自分のプレーから出ている」と勘違いしている人たちです。その日のプレーに対するきちんとした意見や感想、反省などの「生の声」が、ファンに届いてこそ、ファンも声援を送り続けてくれるのです。そこにお金が生まれるのです。

試合に負けて腹が立つから「何も言うことはない」と背を向ける姿は、たとえば、街中の八百屋のおじさんが機嫌の悪い時に（夫婦げんかでもしましたか）、お客さんから「ここに並んでいるトマトの中で、どれが一番おいしいかな？」と聞かれて、「そんなもの、見れば分かるだろう。色合いや形を見て、あんたが判断して買ってけよ」と背中を向けている姿と変わりはありません。もちろん、こんな無愛想な八百屋のおじさんなんて、現実にはいません。でも、スポーツの世界だと日常茶飯事です。わがまま放題の小学生に似ているとも言えます。**これも、反面教師にしなくてはなりません。**

▼品性の問題でもある

僕の身近でも、こんなことがあります。

県内でもかなり高名な文化人が「あの人の服装センスのなさといったら、**まるで百姓だね**」と平気で言います。「百姓」という言葉をたしなめられると「いや、百姓は古く中国でも天下万民の意味で使われた歴史ある言葉だ」と開き直るのです。

「天下万民」は事実ですが、僕たちの社会では現実に百姓を「侮蔑語」として使ってきたのです。国語辞書にも「ののしり言葉」の意味が載っています。

確かに中世以降、百姓が「職業としての農民をさす言葉」として広がりました。農家の人が「私たち百姓が」と言うときの顔には「職業への誇り」が浮かびます。でも辞書にだって「ののしる言葉」と書いてあるくらいですから、今の農家の人だって、どれだけ「百姓！（あるいはもっとひどい「どん百姓」という言い方もありますね）」と「ののしられてきた」ことでしょうか。どれだけ傷ついてきたことでしょうか。農家の長男として生まれ育った僕には、痛いほど分かります。

だから、**先の文化人のような言葉づかいが、人としての品性を疑われるのは当然**なのです。言葉に生きる身として、言葉狩りをするつもりなど、毛頭ありません。ただ、言葉を発する、書く際の「責任」「怖さ」などについて僕たちがますます鈍感になっていく。無責任に言い放った後で、批判されると開き直る、言い訳をする。そんな現状が心配でならないのです。もちろん、人間はしょせん弱い存在です。僕だって、言いすぎて言い訳したり、謝ったりは、よくあることですが。

▼「子ども」化する恥ずかしさ

「言葉の専門家」のような顔をしているマスメディアの人間にしても、学生時代までは深く考えもしなかった「プライバシー」「報道被害」などについて、入社後に学び訓練しただけのことです。

ネット社会によって、誰もが「伝える力」のうちの大きな要素である「広く素早い情報発信」の力を手にしたのです。だったら、もうひとつの大切な要素である「表現力」を磨くことは、既存のメディアの人間たちと同様に不可欠ですし、そうやって磨いていけば、みなさん一人ひとりにとって、どれほど大きな力になるか分かりません。その訓練は、小中学生にだってできないことはありません。

なのに、そんな教育・訓練は始められていません。

だから、**僕たち大人の側の無責任さ**は厳しく批判されなくてはなりません。

ネット社会のあまりにも大きな「便利さ」と、そこに共存する「危険」について、きちんと教え諭さないまま、その「便利な道具」の使用をあおるメーカーや、それを子どもたちに買い与えている大人たちの罪が重いことは、特に強調しなくてはならないと思います。「ユーザーは、これも喜ぶだろう」「あれも便利なはずだ」だけに目を奪われて、結果的に子どもも大人も「スマホの奴隷」におとしめているメーカーの姿勢に、今こそ歯止めをかけなければならないのです。

落ち着いて考えましょう。いい大人がケータイやスマホの新品を片手に「この機能がいいんだよね」などと、**おもちゃを手にして喜ぶ子どものような得意顔を見せる光景**は、もう20年も続いているじゃないですか。いいかげんで、「これっておかしい」と思いましょうよ。

「恥ずかしくないかい?」って思いましょうよ。

判断力に乏しい年代の子どもに「スマホを買い与えない勇気」を、世の親が毅然として持たなければ、もっともっと問題は深刻化します。

これも「捨てる勇気」です。

もう一度、これが言いたい

「粛々」「感動を与える」「百姓」。反面教師的「言葉づかい」の人がなんと多いことか。

「ね」「ん」「じゃ」を使うとき／使わないとき

「表現力」と「相手が受ける印象」という点で、**抵抗のある言葉づかい**があります。公私の「**公」の場における「ね」「ん」「じゃ」の常用**のこと。

「また、おじさん世代は、若者言葉に文句をつけるんだからいやだなあ」

いいえ、世代論ではないのです。ビジネスの世界でも、スポーツ選手のインタビューなどでもよく出てきますが、聞いていいて違和感がないでしょうか。

「聞いて下さいよ。我が社の20代社員の接客での言葉を。涙が出てくるから」

こうこぼす住宅建設会社の営業本部長。彼から見れば自分の子より若い社員についてです。

「住宅建築の当社はですね、環境最重視のですね、基本理念をね、持っているんですね。ですからね、皆様にね、きっとご満足いただけるんじゃないかと思うんですね。リビングはね、吹き抜けなんですね。これがね、ゆとり空間をですね、生んでいるんですね……」

僕にも経験があります。ある葬儀ホールの住民向けイベントに行ったとき、30歳そこそこの男性社員が説明役をしていました。

「葬式っていいますのはね。急に起きますからね。費用もたくさんかかりますよね。ですからね。日頃からね。きちんと準備しておかないとね。ご家族が困ると思うんですよね。そんなんじゃいけませんよね」

僕は、彼の口調から、てっきりディスコ（ごめんなさい。今は「クラブ」っていうのかな）のスタッフが店内説明をしているのかと錯覚してしまいました。

まだまだあります。テレビ中継されるほどメジャーなスポーツ、たとえば野球やサッカーなどのヒーローインタビュー。満面に笑みを浮かべた選手がマイクに向かいます。

「今日の試合はね、いい結果も出たしね、皆さんにもね、喜んでもらえたんじゃないですかね。このままね、優勝を目指してね、一生懸命ね、頑張っていきますのでね……」

いつの時代から、こんなに**「ね」『ん」「じゃ」が多用**されるようになったのでしょうか。

もちろん、「ね」が悪いわけではありません。相手に念を押したり、呼びかけたり、親しみを表現したり。そんなときにはもってこいの言葉です。だから「ね」が不自然でないのは、親しい間柄だったり、上司が部下に念押ししたり、そんな場面にほかならないのです。

「ん」も「じゃ」も「話し言葉として発音しやすい」便利な言い方です。

ただ、商品説明を聞いてもらうお客様に、プレゼンテーションをする営業先に、試合を見にきてくれたファンに向かって、多用する言葉ではないのです。

「ね」の多用は、イマ風に言えば「タメ口をたたいている」といった印象が濃いのですよ。お客様や営業先、ファンにタメ口たたいていいはずがないのです。言葉の上にも、一定の敬意が表現されていなければ、相手の心は動かせません。

ホテルのイベント企画に関して、提案書を抱えて営業にきた企画会社の女性スタッフ。30代半ばといったところ。

「だからあ、そうじゃないんですよね。来場者の意識は変わってると思うんですよね。私的には、こっちのやり方を選んだほうがいいんじゃないかと思うんですよね」

おいおい。

「一瞬、我が耳を疑いましたよ。どう考えても『ですから、そういったことではなかろうかと存じます。来場者の意識にも変化が生じております。私といたしましては、こちらの手法を選択なさるべきではないかと考えます』くらいの言い方をしてくれたって罰は当たらないでしょう。その考えが古いのでしょうか」

50代の総支配人が呆れた顔つきをしています。

「支配人、あなたの辛抱強さには脱帽です。僕なら『イベント企画の研究をする前に、小学校へ行って、国語の授業を受け直そう』と言いたくなるところです」

ある会社の電話対応。

「□□部長はいらっしゃいますか」

「あいにく外出してます」

「いつごろお戻りでしょうか」

「さあ、分からないんですよね」

おいおい、「**分かりかねます**」とか「**申し上げかねます**」でしょうが。

「急用なので、帰社されたらご連絡いただけますか」

これには、「分かりました」ではなく、「**承知いたしました**」ですしね。

▼「タメ口」文章、ご容赦ください

とにかく「ね」「ん」「じゃ」の「タメ口」が当たり前になっていることに腹が立ちます。

僕も、公私の「私」の部分では、「ね」「ん」「じゃ」はよく使います。これらの言い回しは「気軽さ」「親しみ」といった雰囲気を生み出すにはとても便利だからです。そんなつもりで、「多くのみなさんに、気軽なタッチで語りかけたい」という思いで、この本の中では、むしろ積極的に使っています。「タメ口」文章、ご容赦ください。

よく使うだけに、「公」の場面でも、思わず使ってしまうことが少なくないのですよ。だから、これを常用する若者に対する文句と同時に、自分への戒めでもあるわけです。

それを防ぐにはどうするか。きちんとした営業や交渉の席に望んだ際に、**小型のボイスレコーダーをしのばせておく**。帰ってから、自分がいかなる言葉づかいをしたか、その内容を聞きながら検証するのです。

そうすると、実によく分かります。自分の話し方の欠点が。それを聞いて、改善点を自分で考えるわけです。よいと思う点は、さらに伸ばす。まあ、自分の話し言葉を、適時「棚卸し」して、点検・評価しようってことです。

それでも「ね」「ん」「じゃ」のタメ口が「公」の場面で普通の言葉として定着していくとしたら、僕はやっぱりいやだなあ。だから、その抵抗はこの先も続けなくてはならないと考えているのです。

もう一度、これが言いたい

「ね」「ん」「じゃ」はタメ口。公私の「公」では、間違いなく御法度。

「知らないこと」を誇るな

前に「24時間、いつでもどこでも勉強できる環境が整った」という話をしました。それに関連して、若いみなさんにどうしても伝えたいことがあります。それは、こんなことです。

「なにかのことについて『知らないこと』は恥ではありません。だからといって、**『知らないこと』を誇るのだけはよしましょう**」

若者でも、年配の人でも、僕たちは結局『ものを知らない』まま生きています。人間そんなに賢い存在じゃありません。世の中の森羅万象に精通しているなんて人はいません。自分の専門分野、関心の深い分野に詳しい人はたくさんいますが、百科事典のような人なんているわけがありません。だから、僕たち人間は「知らないことだらけ」です。

ただね。若者にありがちな、「若さの強調手段」として、歴史上の人物とか出来事について「知らないことを誇る」「知らないことが美徳」とでも言ったらいいでしょうか。そんな言い方は引っかかります。

「美空ひばり？　どういうことをした人？　歌手？　戦後から高度成長時代に活躍した人ね。知らないなあ、生まれてないから」

「エルビス・プレスリー？　ビートルズ？　いつの時代の人ですか。プレスリーって40年も前に死んだ人ですか。うちの両親だって知らないんじゃないのかなあ」

「昔、東京でオリンピックがあったんですってね。知らないけど」

「安倍晋三さんって、なんとかいう総理大臣の孫なんだってね。名前も知らないけど。もしかしたら、おじいちゃんって田中角栄さんって名前の人ですか？」

自分が生まれていない時代の人や出来事について、実感がわかないのは当然のことです。僕だって美空ひばりには「独特な歌声のおばさんなのに、幅広い人気を集めていた歌手」というイメージしかありません。ビートルズの日本公演の記憶もありません。安倍さんのおじいちゃんの岸信介首相時代に、「安保闘争」で国会周辺が騒然となったことも、記憶にありません。もちろん、戦時中の厳しい生活など、知るわけがありません。

だからといって、明治維新を、太平洋戦争を、岸信介を、天才少女歌手だった美空ひばりを知らないことを「誇る」などという言動には出ません。

自分が生まれる前の歴史を知らないことは、恥ではありません。でも、**知らないことは**

「不勉強」に違いないのです。「知らないことは」間違いなく損なのですよ。

「自分が生まれる前のことを知らないのは当たり前だ」と誇ることは、自分の不勉強を広く世間に公言していることを、強く意識しなければなりません。

自分が生まれる前のことだからといって、「江戸時代の封建社会や身分制度の理不尽さ」「日中戦争から日米戦争にいたる第二次世界大戦の悲惨さ」「広島、長崎への原爆投下のむごたらしさ」を知らないまま生きていいということにはなりません。

芸能史、スポーツ史も、「生まれる前のことなんか知らない」という態度でいれば、いろんな世代の人とふれ合って生きる「世の中」で、豊かに生きてゆくためにはブレーキの役割を果たします。

歴史のプラス面は学び自分の生き方に活用して、マイナス面はみんなが繰り返さないための反省材料にする。それが、どれほど大切なことか。いくら語っても十分ということはありません。だから、歴史ものに限らず「知らないことは恥ではありませんが、知らないことを誇ることはやめなさいよ」と、僕は言うのです。

「自分の不勉強を周囲に強調したって、あなたの価値が低くなるだけですよ」

それより、知らなかったことを調べたり勉強したりして、自分の知識にしてしまうほうが、自分自身にとって得じゃないですか。

「**東京大空襲**ってあったの？　大変な数の人が死んだの？　５０００人？　１万人？」
「**沖縄に行くのにパスポートが必要な時代**があったんだってね。本当かい？」
「**ビートルズが武道館で公演したらしい**ね。いつのことだろう」

誰かと話しているとき、そんな話題になったら、今の世の中なら、手にしているスマホでネットを開いて検索すれば、すぐに概略が出てきます。

昭和20年3月10日未明に米軍による東京大空襲があり、約10万人が命を落としたこと。戦後の沖縄はアメリカに統治され、昭和47年になってようやく沖縄返還が実現したこと。ビートルズが昭和41年に来日コンサートを開き、ついでに言うとあの**「いかりや長介とザ・ドリフターズ」が前座を務めた**こと。そんな知識がすぐに手に入ります。少なくとも、この「みっつ」は賢くなったってわけです。もちろん、このネット情報が正しいかどうかのチェックは必要ですが、こうして「いつでも、どこでも」学べるのが、現代社会の特徴ですから、これを生かさない手はありません。

もう一度、これが言いたい

「知らないこと」は、「無知・不勉強」の証拠。それを誇るなど滑稽千万。

政治を語るのが「カッコイイ」

政治を語り合うことは、誰にとっても大切なことは言うまでもありません。僕たちの暮らし、日本という国や地域社会の明日を左右する問題だからです。人任せにしてなどいられません。大人にとっても、２０１６年から選挙権を手にした18歳、19歳も、もっと年下の世代にとっても。でも、僕たち日本人の社会は「政治と宗教の話はあんまり……」と、人生で最も大切な二大要素にふれたがりません。これではいけません。いろんな場で、政治や信仰について語り合う環境がなければ、世の中はよくなりません。とくに政治意識を高めるためには、世代を超えて「政治を語ることがカッコイイ」という環境ができることが、僕は大切だと思います。

▼政治情報を読むことの効用

既存のメディアから、ネットから、**おびただしい量の政治情報が発信**される昨今です。大きな選挙の際には、行政の選挙公報、政党や候補者のビラ・パンフ、政見放送をはじめ、目を通しきれないほどの情報が届きます。そういったものを積極的に見て、その「真偽」を見抜く訓練をすることも、国民として当然の責任です。

ただ、選挙公報も、政見放送も、政治家のビラも、おおむね「素晴らしいビジョン」「最大限努力します」「こうあるべし」しか書いていませんし、語っていません。

「どれも同じじゃないか。だったら、読んだり見たりする価値がないのでは?」

みなさん、そう思ってごみ箱に捨てていませんか? でも、そんなことはありません。そこに表現されているのは、日本の、あるいは地域の切実な課題です。そういった課題は、せわしない日常生活の中で、ともすれば「ぼやけがち」になります。「自分のことで精一杯」の世の中だけに、僕たちには広く社会的なところに視点を定める余裕がないからです。ですから、**政治関係の文書を読み、主張を聞くことで、僕もみなさんも「頭の中が整理」できます。これが、政治情報の大いなるメリットです。**

誰に投票すべきかの判断材料になるかというと、これはあまり効果的ではありません。どの政治家にとっても、政策課題は共通しているからです。政党によって、主義主張は異なりますがね。

ただ、これも「言葉の裏側」「行間」を読む訓練になります。できる限り多くの資料を読みましょう。政党により、政治家により、やはり表現は微妙に違います。課題項目だけが並んでいるだけに等しいもの。経済を優先しているもの。市民生活に力点を置いているもの。教育に力を入れているもの。その中から、**「お題目」だけのものか、深く考えているものかを判断する。それも政治参加です。**

昨今は「候補者討論会」ばやりです。これは、よい試みです。**語る際の表情や声のトーン、姿勢を見ていれば、政策ビラや政見放送からは読み取りにくい「本音」が見えてきたりします。**

街頭演説や選挙カーによる遊説。これはあまりあてになりません。おおむね、名前の連呼と握手の繰り返しですから。「本音」がなかなか見えてきません。**「捨ててよい」情報**です。

ともかく、若者も大人世代も、「政治の話は、政治家の世界。自分には関係ない」みたいな姿勢は、改めていかなくてはなりません。

だって、「政治家と金」の問題がひっきりなしに出ていますが、こういう人たちに任せている現状は、僕たち一人ひとりの無関心さが引き起こしたとも言えるからです。

▼「政治ってカッコイイ」というトレンド

中でも、新たに選挙権を手にした10代に、政治参加をどう語るかは、難しい問題です。「若者と政治」に関して、ある新聞で高校生の息子がいる女性記者が「若者に政治への関心を持たせるには、**政治を語ることがカッコイイという環境**をつくらなければ」と書いていました。こういう記事を見ると、新聞も捨てたものではないと感じます。

この記者はアメリカ駐在経験があり、そのママ友から「アメリカでは高校生にもなって支持政党がないと『国の未来を真剣に考えていないヤツ』と思われ、恥ずかしい」という声を紹介していました。それに対して日本では、「高校生が政治に関心があるなどと言うと、変な奴だと思われる」とその記者の息子さんが言うそうです。そこで、記者は「高校生が政治に関心を持つために必要なのは、政治を魅力的に語れる、カッコイイ大人や同世代の存在なのかも」と論じていました。

僕も同感です。政治に背を向ける無関心層の増大に悩んで、選挙権を18歳からに引き下げたのはいいのですが、さてさて、この世代の若者はどう行動するのでしょうか。

若者に政治参加をうながす「特効薬」は、行政、選挙管理委員会、政党などの啓発でも、親や地域の大人の説教でもなし。教育ですらないかもしれません。

では何でしょうか？　おそらく**「政治ってカッコイイ」というトレンド**をつくることではないかと僕は思います。カッコイイものには誰だって関心を持ちます。行動します。

▼候補者と10代の「ガチ討論」を

政治をカッコよくするには何が必要でしょうか。**政治家とその周辺がカッコイイこと**。これが第一条件です。でも現実はどうでしょう。

閣僚など有力国会議員も、有名知事も「政治と金」の疑惑でいっぱい。基本的社会常識や知識が「あるの」「ないの」と、ワイドショーのネタになるような政治家の姿が後を絶ちません。連日報道されるのは「カッコイイ」とは正反対の政治家たちの姿。こんなことが続くから世の中に「政治家はあの程度」という印象が広がります。「国のため、郷土のため」に命を賭けている「カッコイイ」人には思えないのです。これでは、政治を語る、政治にかかわることが「カッコイイ」と思う若者が出るはずもなし。

仮に「政治には金がかかる。建前と本音を器用に使い分けるのも大人の政治家。政治とはそういうものだよ」なんて政治家側が変わろうとしないなら、僕たち国民が考えを変えなければなりません。**「そういう人たちに任せてはおけない」**と。その「兆し」は各地の若者の間で芽生えているのですから。

高校や大学での政治討論会や演説会も、もっともっと必要でしょう。選挙権のない16歳、17歳の高校生にだって重要です。選挙になると、候補者が各企業や地域を遊説に回ります。そのひとつが高校や大学でなくて、どうやって「若者の政治意識」を盛り上げられるのでしょうか。**学校の講堂や体育館で、候補者と高校生や大学生が討論する。**そんな光景が必要であることは、誰にだって簡単に想像できます。

青年会議所などによる候補者討論会は、それなりに定着してきています。これからは高校生大学生の有志が主催する候補者討論会が、学校体育館で開かれる。それに同世代やもっと年下の層が参加する。自分たちの明日を、自分自身で考える。そんな環境になればいいなあ。

おしゃれして街中を歩くのも「カッコイイ」。バンドを結成してコンサートを開くのも「カッコイイ」。スポーツで活躍するのも「カッコイイ」……。だったら、真剣に「明日を考え、語り合うのも、とてもカッコイイ」、そんなトレンドをつくれないものですかね。「10代にそんなことを……」、そう考える大人がいるとしたら、僕は強く言います。「そんな余裕は、学校にも、僕たちの社会にもないのでは」と。

もう一度、これが言いたい

国の明日を真面目に語ることを「ダサい」などとちゃかすことはやめよう。

Ⅲ　言葉以上の「言葉」を磨く

「笑顔」という最強の言語

誰かと語り合うとき、相手に好印象を持ってほしいですよね。せっかく、この人間社会に生を受けて、人と人とがふれ合いながら暮らしているのですから。

僕はやっぱり**「笑顔」は最高の「万国共通言語」**だと思います。

これは、メールや手紙などの文章のやり取りの際にも強く感じます。「相手の顔が見えない状態」だと、どれほどお互いの考えや気持ちが伝わらないか。それを痛感することばかりだからです。

親しい者同士が、あることで意見対立したとしましょう。

「ばっきゃろう。何を言っているんだよ。その考えは絶対に間違いだよ」

「君は何を考えているんだ」

そんなやり取りが起こります。でも、ふたりは仲がいいので、目は笑っています。乱暴な言葉のやりとりを楽しんでいます。

これを、メールなどの文章でやり取りし続けてみましょう。お互いの表情や態度が見えないまま、ズバズバと文章だけのやり取りが続けば、最後にはけんかになりかねません。

これを防ぐには、やはり顔を見合わせての会話に勝るものはありません。音声だけ、つまり電話だと相手の顔は見えませんから、声のトーンで相手の気持ちを察するしかないので、ちょっと不満足です。今はネットを生かして顔が見える「テレビ電話」のようなシステムも登場しているから、これは便利かもしれません。

さて、会話ですが、これがスムーズに進む特効薬は、言うまでもなく笑顔ですよね。笑顔は世界の共通言語、コミュニケーションツールです。ほかには、たとえば音楽がありますが、これは「楽器を演奏できる」「歌が上手だ、下手だ」といった条件がつきまといます。もちろん、歌う場合は言語の問題がありますから「万国共通」とはいきません。楽器のような「音的な共通性」に欠けるわけです。だから、**笑顔の威力**は大なのですよ。

僕たち日本人は、家族や友人知人など親しい間柄以外で笑顔を浮かべることが得意ではないと言われます。特有の「恥の文化」「奥ゆかしさ」「感情を過度に表に出さない」といった民族性によるものかもしれません。

でも、僕は笑顔が好きです。かといって、きれいな女優さんの笑顔とかの話ではありません。

各地を歩いていて、たとえば、道を尋ねるために声をかけたおじいちゃんやおばあちゃんが笑顔で接してくれる。そんなことがよくあります。けっして「元美男子」「元美女」ではなかったとしても、そんな人たちが浮かべる、顔中笑いジワにおおわれた**「損得勘定抜き」の笑顔に出会うと、一日中得した気分にひたれます。**

年配の人ばかりではありません。

小さな子どもたち相手でも同じことです。

こんなことがありました。

▼幼い子どもの「ありがとう」

ある日、車を運転していて、思わず涙が浮かんできたことがありました。

前方の横断歩道の左側で小学校低学年らしき女の子が左右を見ながら立ち止まっていました。反対側へ渡りたいんですね。

対向車がきていませんでしたから、僕は横断歩道の前で止まりました。

その女の子は早歩きで車道を横断しました。それを見届けた僕が、ブレーキペダルから足を離してアクセルを踏もうとした瞬間です。

その女の子がくるりと僕の車のほうを振り返って、ペコリと頭を下げました。顔を上げてから何か口にしています。思いっきりかわいらしい笑顔で。明らかに「ありがとう」という口の開き方でした。

それを見た僕は、一瞬ですが涙が浮かんできました。うれしくて。

人と人との「ふれ合い」が軽んじられる世の中です。街中や住宅地をひとりで歩いている小さな子どもに「こんにちは」の声をかけようものなら「不審者では？」と見られそうな風潮です。

「知らない人と口をきいてはいけません」

親も、学校の教師も、子どもにはこう言い続けています。

なんともつまらない世の中になったものです。

人としての礼儀とか常識みたいなものも、大きく変わってきています。

誰もが「できる限りコミュニケーションをとらない社会」に、僕たち自身が進んでいるような気にさえなります。

目の前の女の子にしても、日頃は「知らないおじさんとしゃべっちゃいけないよ」と言われていることでしょう。

でも、誰かに親切にしてもらったときは例外です。きっと、この子の親は「人に親切にしてもらったら、きちんとお礼を言わなければならないんだよ」としつけているのでしょう。

「この子が、こういう気持ちのまま大人になっていって、今度は自分の子どもに同じようなしつけをしてくれるといいなあ。人と人とのふれ合いや思いやりを大切にする世の中に戻れるかもしれないなあ」

その日はずっと、僕自身も幸せな気分ですごせました。あの女の子が頭を下げた姿と、投げかけてくれた笑顔は、今でも鮮明に覚えています。

それに、こんなことも考えます。

日々の暮らしの中で、まわりの人や通りがかりの人から、ちょっとした親切とか配慮を受けることがあるじゃないですか。歩道に物や自転車が置いてあって歩行者同士がすれ違えないとき、前から歩いてきた人が、「**お先にどうぞ**」と道を譲ってくれることが。

混雑したスーパーとかデパートなどで、持っているかごや袋などの荷物を、まわりの誰かにぶつけてしまうこともあります。

しょっちゅうありますよね、そんなこと。そういう場合に、僕自身が、道を譲ってくれた人に笑顔で「**ありがとうございます**」と言えているか。手提げ袋をぶつけてしまった人に「**失礼しました**」といった言葉をかけて頭を下げているか。

そんな簡単な、でも基本的な礼儀をきちんと実践しているか。

そういったことを考えるきっかけにもなります。

僕に頭を下げてくれた女の子は、そんなことを教えてくれた存在でもあります。

▼「お参り、お疲れさまです」

四国霊場八十八カ所はあまりにも有名ですね。四国四県を一周するように点在する、真言宗の開祖・空海（弘法大師）ゆかりのお寺のことです。

このお寺をまわることを「遍路」あるいは「お遍路」と言います。お参りする人を「**お遍路さん**」と呼びます。自分の足で歩きながらお参りする本格派から、バス旅行のようなスタイルまで様々です。観光と信仰を兼ねた「四国八十八カ所めぐり」は、高い人気を集め続けています。

僕は本格的なお遍路こそしたことはありませんが、仕事で八十八カ寺の中の多くの寺を詣でています。

そんな中の、あるお寺の山門前に立ったときのことです。

お遍路さん特有の白い装束に身を固めていたわけではありません。普通のジャケット・シャツ・パンツといった服装にバッグ。お遍路さんなのか、観光客なのか、仕事できたのかなんて分からない姿です。

そんな僕に、小学校4~5年生くらいでしょう、ひとりの女の子が近づいてきました。ちょっとだけ大人びた笑顔で、こんなふうに言葉をかけてくれたのでした。

「お参り、お疲れさまです」

情けないことに、僕はすぐに返す言葉を口にできませんでした。あまりにも礼儀正しい態度に、どう返事してよいやら分からず、頭の中が混乱していたからです。

だって、どう見ても、地元の小学生ですよ。

これが土産物屋さんにいた店員さんなら、声をかけられたって戸惑いはしません。でも、そのときは、山門前に僕ひとり。近くには商店などもなし。人の姿は、たまたま僕とその子だけ。

きっと、この近くに住んでいる子でしょう。そして、親をはじめ大人たちから、寺を詣でる人にねぎらいの言葉をかけるよう、しつけられているのでしょう。

自然な笑顔と、言葉でした。

もちろん、四国霊場の沿道では、お遍路さんを大切にねぎらう文化があります。歩いているお遍路さんを自宅に招き入れて、お茶を出してあげたりする光景も珍しくありません。

でも、たまたま山門前を通りかかった僕と、その子ですよ。

日頃言い馴れていなければ、スムーズに出る言葉じゃありません。

これが、**「信仰のメッカ」的風土の土地で長い間育まれてきた「文化」**なのでしょう。

では、僕たちはどうでしょうか。群馬にも古くて有名なお寺や神社がたくさんあります。富岡製糸場など絹産業の4遺産は、2014年に世界遺産になりました。多くの人がやってきています。

でも、訪れた人に、ごく自然に「お疲れさまです」と微笑みかけられる人が観光関係者以外にどれほどいるでしょうか？　そうそう多くないような気がします。

そう考えると、やはり、その四国のお寺の前で出会った女の子は、僕に貴重な教えをくれたと言うことができます。

もう一度、これが言いたい

笑顔の苦手な僕たち日本人だからこそ、笑顔の威力を改めて考えたい。

お金のかからない「笑顔」習得法

「そんなこと言ったって、見ず知らずの人に道を聞かれても、笑顔で語りかけるなんてできやしませんよ。恥ずかしくて」

多くの人はこう言うかもしれません。みんなが「なるほど、そうだよね」と納得するかもしれません。

でも、「笑顔の威力」を否定する人なんているはずもなし。だったら、気軽に笑顔を浮かべられるようになったほうが、得じゃないですか。

いい方法があります。「笑顔づくりのマナー教室に行く」なんていう話じゃありません。お金も、手間もかからない方法です。ほんのちょっとだけ「気恥ずかしさ」をどこかにしまっておけばいいだけの話です。

どんなことかというと、日常生活で立ち寄る食堂、喫茶店、レストラン、居酒屋、バーなどの飲食店。またはコンビニ・スーパーマーケット・ホームセンターなど。役所や病院（深刻な状況じゃないとき）の受付窓口もいいですね。そんな場で「笑顔づくり」の個人練習を繰り返そうって話です。

飲食店では、まず希望する品を注文しますよね。そして、その品が運ばれてきます。飲んだり食べたりした後は、お金を払います。

そういう際に、**お店のスタッフの目をきちんと見て、笑顔を浮かべながら注文したり、お金を払ったりする練習**です。

注文した品が運ばれてきた際には、そのスタッフの顔を見ながら、**笑顔で「ありがとう」と言う習慣**をつけるんですよ。

みなさんの日常を考えてみてください。喫茶店でコーヒーやジュースを、イタ飯屋さんでパスタやピッツァを注文（ああ、若いみなさんは「注文」じゃなくて「オーダー」ですね）するときって、どうしていますか？

ウエーターさんやウエートレスさんが横に立っていて、お客さんは座っているから、普通にしていると、目と目が合いません。しかもお客さんはテーブルの上のメニューを見ながら注文するから、なおさらでしょう。

そこは「練習」ですから、希望する品の名前を言いながら、視線をお店のスタッフの目に移しましょう。笑顔でね。

しばらくすると、品物が運ばれてきます。スタッフがテーブルに品を置いた瞬間、その人の顔を見ながら笑顔で「ありがとう」と言うわけです。食事の途中で水を注いでくれたときもそうします。

これ、最初は気恥ずかしくて、うまくできないかもしれません。でもね、気恥ずかしいのは、実は、みなさん自身だけなんですね。お店のスタッフにしてみれば、無表情で黙っていられるより、笑顔で「ありがとう」と言われたほうが、楽しいに決まっています。

僕みたいなおじさんが、若いウエートレスさんに笑顔で「ありがとう」と言ったって、相手の女性が「何よ、このおじさん。ニヤニヤしながら『ありがとう』だなんて。私を口説くつもりなの?」なんて思うことはありません(ちょっとは思ってほしいなあ)。

彼女たちは彼女たちで、気分のよくないときも体調の思わしくないときも、お客さんには笑顔で接しています。それは仕事である以上、当然ですよね。飲食店でも、コンビニでも、スーパーでも、ホームセンターでも、接客業の人は「笑顔慣れ」しているので、客が投げかける笑顔に、間違っても「気恥ずかしさ」や「戸惑い」なんて感じません。だからこそ、僕らからすれば、格好の「練習相手」なのですよ。

▼気恥ずかしさ感を捨て去るだけ

どうです。こうやって**外食や買い物のたびに「笑顔」と「ありがとう」の練習を繰り返す**のです。**役者さんにでもなったつもりで**しばらく続けていると、相手の目を見て自然に笑顔で語れるようになります。「ありがとう」とお礼を言うことへの「気恥ずかしさ感」がマヒしてきます。

こうなれば、しめたものです。仕事の場でも、友達づき合いでも、家庭内でも、「笑顔」と「感謝」が当たり前のことになるんですね。

繰り返しますが、この練習にはお金も手間もかかりません。必要なのは、僕たちが抱きがちな「**気恥ずかしさ感を捨て去る**」ことだけ。この気恥ずかしさ感があると、日常のいろんな場で「自己表現」が必要になる場面で、ブレーキ役を果たしてしまうからです。

「こんなことを言ったら、ばかにされないか」

「かっこつけすぎって思われないかな」

「笑顔でいると、不真面目だと思われないだろうか」

いろいろ考えてしまうんですよ。あげくに、自分の考えや気持ちをうまく相手に伝えられないものです。相手だって、みなさんが真剣なあまり「しかめっつら（ごめんなさい。真剣な表情って、少なからずそんな堅苦しいものに受け止められてしまうのです）」をしていたら、心を開いてくれない可能性があります。

そんなことになるのです。ああ、もったいないなあ。

だから、「万国」「全世代」に共通のコミュニケーションツールたる笑顔をいつでも出せるよう、日常生活の中で練習しておくことが大切なんです。

こうやって笑顔に慣れるようにしておくと、日頃、腹の立つことや意にそぐわないことに出くわしても、**さほどカリカリしなくなります**。**いらないと思った情報を捨てる勇気も**、より一層わいてきます。

もう一度、これが言いたい

喫茶店で「笑顔で『ありがとう』」の練習。「古畑任三郎とルパン三世が混じってた」と友人。ずいぶん、ヤボッタイ古畑やルパンだこと。

相手の胸の内を読む力

伝える力に続いては、相手の胸の内を読む、つまり**心情を推しはかる**ということの大切さを考えましょう。

僕たち日本人の社会では、「きちんとした弁舌」の大切さは分かっているのに、一方で、「おしゃべり」は疎んじられるかのような風土がありますね。いまだに「有言実行」よりも、どちらかと言えば「不言実行」が好意的に受け止められたりしています。

そういう口下手な民族ですから、家族とか親しい友人だって、全部が全部「本音を口にしてくれる」わけでもありません。

僕たちは日常生活や仕事の中などいろいろなシーンで、多くの人と向かい合います。そういうシーンでは、「明確な物言い」をしてくれない人に数多く出会うことでしょう。

かといって、僕たちは超能力者ではないのですから、物言わぬ相手の心の中を読み取る

「読心術」なんてことはできません。それはSF映画の世界です。

でも、**明確な言葉によらない「意思表示」もまた、人間の特長です。「ノンバーバル（非言語）コミュニケーション」**なんていうものですね。これは役に立ちます。

▼言葉によらない、人の大切な特性

自分の意思を相手に伝えたい。それは、相手の「心の内」を読むことと表裏一体ですね。なにしろ、「言葉というものには、必ず裏がある。良い意味でも悪い意味でも。それが世の中の常識だから」といった考え方が、残念ながら現実の世の中ですから。

では、言葉によらずに相手に自分の意思を伝える際、または、相手の言葉には出ない「胸の内」を読むには、どんな要素が必要でしょうか。

言葉というものは、直接相手に意思を伝える有力な手段です。でも、「言葉によらずに」となると、これはかなり難しいのです。多弁であればあるほど「表面的な」「口先だけ」といった印象が濃くなります。どんなに自分が真剣に語っても、その真剣度合いが濃ければ濃いほど、相手が引いていってしまう危険もあります。

そこで、口から出る言葉だけでなく、態度・姿勢など非言語手段によって意志疎通を図ることが大切になってきます。

人間的な親近感というものは、言葉以外のものから伝わります。

こうした非言語の手段、つまり「表情」（これ、大きいですよね。笑顔と怖い顔では、同じ言葉を口にしても、相手が受ける印象は正反対ですね）「アイコンタクト」「声のトーン」「ジェスチャー」「間合い」「服装」「相手の目を見る、うなずく態度」「身を乗り出す姿勢」などの「ノンバーバルコミュニケーション」の力をよく考えましょう。これらの要素は、「相手に自分の考えを、より深く伝えたい」場合でも、「語る相手の真意をくみ取りたい」場合のどちらでも、とても大切なものです。

▼マレービアンの実験――「内容」が一番ではない

アメリカの心理学者であるアルバート・マレービアン博士がおこなった、人が他人から感情などの「情報」を受け取る際の、「言葉」以外の割合を調べた実験があります。

顔の表情	55％
声の質（高低）・大きさ・テンポ	38％
話す言葉の内容	7％

話す言葉の内容は7％にすぎないという数字です。これって「意外だなあ」と感じる人が多いのではないでしょうか。残る93％は、相手の顔の表情や声の質によってその気持ちなどを判断しているというのです。

現実に人と人とが向き合った場合、身だしなみや仕草なども大きく影響することは間違いありません。

これらは「マレービアンの法則」と呼ばれているものですね。

もちろん、この数字が人間生活のすべての場合に当てはまるはずもありません。とても興味深い話なのですが、なんとなく「なるほどなあ。そうだよなあ。だから、言葉以外の表情・態度・身だしなみなんかに気を配らなければいけないね」というふうにとらえてください。

言葉よりも非言語が圧倒的に有力だということではありません。でも、表情やボディランゲージがかなり有力なコミュニケーション手段だということは、強く認識しておくべきでしょう。

「人は、見た目が7割。言葉は3割」なんて言い方もありますからね。

同じ言葉を口にしたとしても、人によっては、説得力抜群で大変分かりやすいと受け止められる場合がありますが、逆に、まったく意味が分からないという場合もあります。これはやはり、ノンバーバルコミュニケーションが上手か下手かによるところが大きいようです。

▼声のトーンの高低

声の大きな人、声の小さな人、声の高い人、低い声の人。太い声、細い声。いろいろありますね。

声のトーンが違えば、同じ言葉でもまったく逆の意味になったりすることもありますが、文章だけの場合は、そんなことは判断つきません。

たとえば、「あなたのことなんか、大っ嫌い」と声に出して言う場合は、その声のトーンや表情で文字通り「大っ嫌い」なのか、そうでなく、実は反対に「大好き」なのか判断できますよね。でも、メールだと「大っ嫌い」以外の何ものでもなし。もちろん、文章で「大っ嫌い」と書いて「大好き」と伝える表現テクニックはありますが、それはかなり訓練を重ねないと、難しいですよね。

ノンバーバルがすぐれているのは、このあたりです。

▼表情によるコミュニケーション

表情も多くの情報を相手に伝えます。喜怒哀楽は表情にストレートに出ますから。この反対が無表情である「ポーカーフェイス」ですね。

「相手の顔色をうかがう」「目力（めぢから）がある」「目は口ほどにものを言う」といった表現があります。それほどに、表情というものは大量の情報を相手に伝えます。

たとえば、レストランに入ったとします。

「ようこそ、いらっしゃいませ」

スタッフにそう言われても、もしもその人が笑みを浮かべていなければ、僕は悩んでしまいます。

「この店員さんは、僕のようなあんまりお金をつかいそうもない雰囲気の客は歓迎していないかも」

「この人は、さっき店の仲間とけんかして、機嫌が悪いのかも」

「この人は、お腹の具合が悪くて、硬い表情なのかも」

「この人は新入社員なので、慣れていないのかも」

いろいろ悩みます。ばかばかしいくらいに。

デパートで、たまにジャケットやシャツを買います。かみさんから「若者向けのものを買ったほうがいいわよ。年なんだから、服装くらい若々しくしなさいよ」と言われて、ちょっと派手なジャケットを試着。似合っていなくても、似合っていても、店員さんがなんの迷いもない笑顔と明るい声のトーンで「お客様、とてもお似合いですよ」「当店は20代、30代向けの商品が中心ですが、でも年配の方が着ると、かえって映えますよね」なんて言われたら最後、いい気になって買ってしまいます。

反対に、店員さんの声のトーンや表情に、ちょっとでも「このお客様には不向きかも……」という戸惑いが見えたら、僕はその服が気に入っていても「やっぱりなあ」と怖じ気づいて買うのを断念します。ここで、商談は不成立となります。

そのくらい、影響があるわけですね。

▼動作、つまり身振り手振り

腕の動かし方、立ち居ふるまいなどです。熱心に主張する際には、自然と腕が動きます。身を乗り出します。自分の主張に相手が興味を持った場合は、やはり相手が身を乗り出してきます。それによって、相手の気持ちが推察できます。

身振り・手振り、これって外国に行った際には常套手段です。僕も、英語なんてしゃべれませんから、外国に行くと、身振り手振りと筆談です。でも、なんとなく自分の意思が相手に通じたりしますよね。これがホテルの部屋でフロントから電話なんかがかかってくると、お手上げ。表情や身振りなどの情報がないと、まったく理解不能に陥ります。ノンバーバルの重要性を痛感するシーンです。

だから、海外のホテルの一室で部屋の電話が鳴ると、僕は怖じ気づいてしまいます。情けない話ですが。

もう一度、これが言いたい

相手を観察し、推理して仮説を立てて証明を。なにやら心理ゲーム。

「ノンバーバル」を暮らしにどう生かすか

日常の暮らしの中での人づき合いに、仕事に、恋愛に、ノンバーバルコミュニケーションは大きな力を発揮します。自分の主張を、より明確に効果的に伝え、同時に相手の意思や気持ちをできる限り正確に理解するための必須条件とも言えるでしょう。

恋愛の駆け引きなんて、特に「手さぐり」状態です。「『一生の運命』『幸せ・不幸せ』をかけた契約である結婚を見据えた、壮大な腹の探り合い」と言ってもいいでしょう。男も女も恋人時代は「本音」を素直に語りません。気取りも、照れも、打算もあります。でも、表情や態度には必ず本音がのぞきますから、そこを見抜く努力が必要になります。

では、**それを身につけるには、どうしたらいいのでしょうか？**

自分の言葉以外のこと。つまり表情や身体の動きなどを、できる限りチェックするようにしましょう。常に自分以外の誰かからの視線が投げかけられているから、おかしな態度はとれないぞ。そんな気分を、できるだけ持つようにしましょう。

もちろん「24時間中そんな思いで緊張していよう」などという話ではありません。朝起きたとき、家の外に出て街を歩いているとき、誰かと顔を合わせたとき、運転していた車から降りて歩き出すとき、食事しているとき、そんなシーンごとに、**「自分は今どんな表情をしていて、どんな姿勢だろうか?」と、ちょっとだけ考える習慣**をつけませんか?　その繰り返しです。

人は日常生活の中でいろんな人と相対するものですよね。たとえば、仕事には真剣に取り組まなくてはなりませんが、相手の気持ちがやわらぐ笑顔は、きっと欠かせません。仕事を続ける上で、周囲からも必ず要求されます。

そして、自分のノンバーバルコミュニケーションが、まわりにどのように伝わっているかを確かめて、より良い動きと表情を身につけられるようにトレーニングしませんか。そうすることで、相手にとって「より好感度の高いもの」に上達させてゆくのです。これは仕事だけでなく、友達づき合いや家族での暮らしの中でも、身につけておいて損なことなどまったくありませんね。

そういうふうに、自分を訓練してゆけば、相手のノンバーバルコミュニケーションを読み取ることも得意になります。相手の気持ちを、より多く深く知ることができるようになります。

それって、人と人とが関わり合って生きてゆく僕たちの社会では、欠かせない「人間力」になると言えます。

▼植物との「会話」

話を植物に持っていきましょう。

僕の家の中に植えてある観葉植物カポックの新芽が、春に芽吹き始めます。もう10年くらい続く光景です。**命の躍動を実感できる瞬間**です。最初は薄い緑色の小さな小さな芽が「茶緑色」の小さな「茎と葉っぱ」の形に育っていきます。長さ数センチほど。すぐに20センチくらいに成長して、深い緑色になります。幼い子どもが大声をあげて走り回っているようにも感じます。「こんなに大きくなったよ」ってね。

ですから毎日、自宅のカポックの様子を見ることで「**語り合っている**」**気分**になれます。「今日は暑いな。窓を開けて風をあててよ」「水がほしいなあ」から「あんた、顔色が悪いぞ。どこか体の調子が悪くないかい?」などと話しかけてくれているような。物言わぬこの植物が、僕たちになんらかのメッセージを発信し続けている気がします。

オーバーな言い方でしょうか。とんでもない。これが農家の人なら、作物・土・水の「**声**

なき声」に耳を澄ませる毎日です。林業や植木屋さんは、**樹木の「声なき声」と語り合い**ながらの作業でしょう。目の前の植物を見つめ、物言わぬ相手が「きっとこう考えているのでは」という「推察」「仮説」を繰り返しつつ。

知り合いの装飾園芸家は「ビルの屋上や非常階段に花壇づくりを進めたい」と強調します。人生に疲れたり、挫折したり、様々な理由で「よからぬこと」を考えているせっぱつまった人に、「それを押しとどめようとする花や木の声が聞こえるはずですから」と言います。これは人間本来の感受性にかかわる話です。

もちろん超能力者や仙人ではなし、現実に植物とやりとりすることはできません。でもその様子から「こう言っているのでは？」と推察する習慣は、誰が相手でも役立ちます。

「相手の気持ちや状況に気を配る」という感性が薄くなる一方の世の中のような気がしませんか。「他人の心など関係なし」みたいな考え方が横行しています。「寂しい」というより「つまらんなあ」と思うのです。そんな乾いた世の中ってね。

もう一度、これが言いたい

植物や寺の仏像が何かを語っている。そういう感性・想像力を磨こうって話。

声にならない声を聴く

超高齢社会になりつつある日本ですが、介護職の不足が社会問題化しています。老人ホームなど介護施設では、スタッフの確保に苦労しているようです。過酷な仕事の割に収入が少ないなどの声もよく聞きます。

仕事の「やりがい」で考えると、「やりがいを見出しにくい」職種のひとつだなんて言い方もあります。はたして、そうなのでしょうか。

仕事と、その仕事から得る達成感という観点で考えましょう。

有形無形の「もの」を作り上げて達成感を得る。

商品を販売して売り上げをアップさせて喜びにひたる。

児童・生徒・学生たちの成長を実感して満足感を手にする教育現場。

人の病気やけがを治して、笑顔を取り戻すことに大いなる達成感をいだく医療現場。

ただ、その医療現場にしても、過酷な勤務実態から人員確保が難しいのが現実ですから、「満足感や達成感を得にくい職種」と言われる高齢者介護の世界では、余計に人手不足になるのかもしれません。

▼高齢者介護の現場で

ある老人ホームを訪問しました。そこで暮らす高齢者は、それぞれ要介護2から要介護4などと、周囲の支援なしには日常の生活に苦労する人たちです。車いすに頼らないと歩けない人、認知症が進んでいる人、自力で入浴できない人なども大勢います。

「この先、その人の状態が好転する可能性のきわめて低い人」。率直な物言いですが、そう表現せざるを得ないのです。

医療ならば、完治して退院というゴールがあります（むろん、完治や退院につながらないケースもあるのは当然ですが）。

建築会社なら建物完成というゴールが。農業ならば収穫というゴールですね。メーカーなら製品の完成です。物販の世界ならば、商品の販売がゴールです。

でも、介護の世界のゴールを考えると、やはりせつないものがあります。

老人ホームの施設内外は病院に似ていますが、ここは病院にあらず。認知症が治って自宅に帰るものではなく、体が元気になるものでもなし。日常生活における丁寧な介護の末のゴールは、入居者の「死」であることが一般的だからです（施設内で最期を迎えることもあるでしょうし、容体の悪化で病院に運ばれたのちに他界するケースもあるでしょうが）。「おはよう」「こんにちは」の挨拶のやり取りもできにくい人を相手に介護を続けているだけに、「やりがい」「達成感」「感動」を手にする環境に乏しいと言わざるを得ないのです。懸命に介護しても、相手は反応に乏しい。これは確かに「やりがい」を見出しにくいと言っても、必ずしも的外れではないでしょう。

施設の女性施設長は言います。

「お世話しても、その相手からのきちんとした反応がないと、達成感がわきにくいものですね。相手は体の悪い高齢者だと分かっていても、すぐには割り切れないのです」

「人と人とがふれ合い、支え合うのが、私たち人間社会。だとすれば、支える側の『一方通行』になりがちな介護の世界は、そのふれ合いが実感しにくいのでしょうか」

若者が「やりがいのある仕事ではない」と落胆するのも分からないではありません。でも、それだけでしょうか。人と人とのふれ合いは、言葉のやり取りだけではありません。言葉をほとんど発することがない人、自分の足では歩けない人にしても、言葉によらない手段で、自らの思いを発信しているのではないでしょうか。

「そうなんです。ですから**注意深く見つめ、見えないシグナルを読み取り、それに応えるべく努力する。これは高齢者介護という仕事のやりがいにつながると思います**」

と施設長は言います。

確かに普通の人なら、非言語でのコミュニケーションとして「表情」「仕草」「声のトーン」などを大きく変化させます。日常生活でも、ビジネスの世界でも、本音は「非言語の世界にあり」という考え方が、僕たち日本人の社会では色濃く存在しています。

でも、言葉も体も不自由な要介護の高齢者の場合、非言語手段といっても体の機能が不自由なのですから、**ごくごくわずかなシグナル**しか発信できません。

「職員が『おはよう』と呼びかけた際に、返事はなくても、ちょっとした表情の変化が生じるときがあります。それは、物言えぬ人からのシグナルです。そんな経験や読み取る努力の積み重ねで、何かを感じることができるようになります。そうなればシグナルを送る人のために『何かしてあげられる』ことがあるかもしれません。これは、**けっして小さくない達成感**です。その繰り返しが、介護職の『やりがい』のおおいなるひとつであると思います」

「いつもは咳き込みながら食事する人が、ある日は比較的スムーズに食事を終えた。そうしたら『今日は咳き込まずに、きちんと食べられたよね』と声をかける。その人が、かすかにうなずく。一瞬表情がゆるんだように見えた。そんなとき、スタッフの心は癒されます。これも達成感にほかなりません」

ちょっとしたシグナルを見逃さないことですね。

「その人に残る機能を、最大限長持ちさせたい。だから、必要以上に手伝ったりしないことも、ひとつの介護です。食事、入浴、施設内の散歩。できる限り、自分の力で。そして足りない面を補ってあげる。そこの呼吸は難しくもあり、仕事冥利に尽きる点でもあります。車いすでも、寝たきりに近くても、『**この人には、自分でできる何かがある**』という思いを常に持って接することでしょうか」

▼施設暮らしの高齢者も「わが師」なり

非言語コミュニケーション手段さえもが満足にはできない、心身の弱った高齢者。そんな人たちから発信されるかすかなシグナルを読み取る作業は、こう考えられませんか？

「高齢者が『かすかなシグナルを読み取る努力が必要なんだよ、誰にとってもね。だって、こんなシグナルを読み取れれば、普通の大人から子どもまで、多くの人が発信する非言語シグナルが、簡単に読み取れるやさしい人になれるじゃないか』と諭してくれているんだ」

弱い立場の高齢者が、自分たちに「教え」をくれている。僕はそんなふうに思います。

心身障害者福祉の世界で、よく使われる表現があります。

「**障害者や病人など弱い立場の人にとって住みやすい社会環境は、社会にいる全員にとって住みやすいものである**」

こんな言い方です。

▼ペットたちも教えてくれる

「家族の一員」である犬や猫などのペットについて考えたときも同様です。人間社会ではペット虐待が絶えません。飼い犬をつなぎっぱなしで散歩させないことから始まって（これも立派な虐待です）、「飼えなくなった」「引っ越しになった」からと、安易に捨てる（捨てられた犬や猫は、結局捕獲されて、別の引き取り手が出なければ、処分施設行きの運命をたどるのです）。さらには、日用消耗品を扱うかのように、犬や猫を売り買いする風潮……。

つらい状況にある動物がいたとしても、彼らは言葉を発することができません。ですから、その叫びを読み取る必要があるのではないでしょうか。こんな言い方があります。

「**ペットにとって暮らしやすい社会は、人間全員にとって暮らしやすい社会だ**」

人間と同じことですね。インドの父と呼ばれるガンジーの有名な言葉があります。

「**国の偉大さ、道徳的発展は、その国における動物の扱い方で分かる**」

当然です。人の命も、動物の命も、その重さに変わりはありません。

でも、心身の弱った高齢者も、言葉を持たない動物も、植物も、自分の主張を簡単には表現できない「弱い存在」という共通項があります。

「だからこそ、かすかなシグナルを読み取る細かな心配りができる人間になってほしい」

物言わぬ高齢者が、必死に「人としての基本的な優しさや、心の持ち方を身につけるべきだと諭している」と受け止めてはいかがでしょうかね。

両親や祖父母などから「口やかましく」お小言をちょうだいするのも、「年長者から若輩者への諭し」にほかなりません。でも、弱い立場の人の言葉によらない教えを、かすかなシグナルを読み取れれば、その他の多くの人たちのシグナルも理解できるようになります。

「心身の弱った高齢者の声にならない声を読み取れる社会ならば、大人から子どもまで、全員の気持ちをくみ取れるやさしい社会になることは間違いない」

施設に暮らす高齢のみなさんは、お世話を受ける弱い立場であると同時に、僕たち一人ひとりにこんな貴重な教えをくれる「**わが師**」だと思いませんか？

もう一度、これが言いたい

自分のまわりは「わが師」ばかり。無料で大勢の家庭教師を雇っている気分。

ぶれない人生観と自己表現力

「ぶれない人生観と自己表現力」を持って突き進む人の話をしましょう。人生において、何をもって自分自身の人生観を表現するか。それに対してぶれることなく突き進んでいけるかという問題です。

『四つの終止符』という自主制作映画があります。

原作は作家の西村京太郎さんが１９６４年に発表した推理小説で、サスペンスとしてドラマ化されたこともあります。

この小説の主人公が聴覚障害を持つ青年で、偏見に苦しみ冤罪の末に自ら命を断つというストーリーに注目したのが、都内で小さな劇団『劇団ＧＭＧ（後に「鼓舞指座」に改称）』を率いていた大原秋年さんでした。大原さんは聴覚障害者との出会いがきっかけで、日本ではじめて、舞台の芝居で黒子（くろこ）が役者のセリフや心情を手話で表現する「**手話導入**

演劇」で注目された人です。

そんな活動の中で大原さんは小説『四つの終止符』に出会い、1987年から3年間にわたって「四つの終止符」という手話導入演劇を全国40カ所で上演しました。

ただ、芝居の公演だけでは、見てくれる人の数が限定されます。だったら、これを映画にすれば、大勢の人に見てもらえるはずだと発案。私費を投入して自身が脚本・監督を務めて1990年に映画作品をつくり、趣旨に共鳴した全国各地の有志が、それぞれの地で上映実行委員会を結成して、地味ながら地道な上映運動を続けました。

高崎市での上映会が1994年に企画されましたが、僕も上映実行委員会のメンバーとして、半年余りにわたる活動に加わりました。

この大原さん、とにかく「ぶれない人生観」を持つ人です。

普通の芝居への情熱から小劇団を主宰していたのですが、「耳が不自由だから、芝居など楽しめない」という人たちとの出会いで「聴覚障害をライフワークに」と思いついたら、一直線。

小劇団の主宰者は、誰もが「身銭を切って」活動します。「生きがいと夢を食べながら」って感じですね。それが映画化などという「暴挙」を思いついただけに、それまで以上に「身銭を切ること」になりますが、可能な限りの私費を投じて映画を作りました。地味で真面目な映画は、普通の映画館では上映してくれません。自分の足で、全国の理解者のもとをたずね、公民館などでの市民上映会開催を頼んで回りました。

そうやって、映画上映と大原さんの講演のセットによるイベントが何年にもわたって続けられたのです。

70代になって現在でも、情熱が衰えることはありません。かつて全国上映行脚していた映画『四つの終止符』が、福祉団体からの要望などもあり、ＤＶＤ化が実現しました。丁寧な字幕もつけた作品にリニューアルされたことで、大原さんがフィルムを抱えて全国行脚しなくても、手軽に鑑賞できる環境が整ったのです。

これは、僕にとってもうれしいニュースです。

▼聴覚障害の本質を理解できなかった僕たちの失敗

本当に言いたいのは、これから述べる苦い思い出のことです。聴覚障害の啓発映画に取り組む僕らが、**「聴覚障害の本質」のかけらさえも理解していなかった**ことが分かった出来事があったのです。それは、高崎上映会の２カ月前のことでした。

上映委員のひとりの女性が、自分の子どもに草餅を作りました。実は上映委員のひとりが、かなりの有名画家でした。その日は画家さんの自宅に打ち合わせに行く日でしたので、その草餅をいくつか「お裾分け」しようと持参しました。画家さんご家族にも喜んでもらったのです。ところが、上映実行委員だったろうあ者夫妻が、後日怒り出しました。

「その画家は有名人であり、公人だ。そんな人にメンバーのひとりが勝手にお土産を持っていくのはおかしい。事前に会議ではかるべきだった。納得できない」

ほかのメンバーは、夫妻がなぜ怒っているのか、最後まで分かりませんでした。

「上映会は迫っている。けんかはやめて、力を合わせようじゃないか」

「草餅を持っていった人も、『配慮に欠ける点があったなら、謝ります』と言ってるんだから、水に流そうよ」

「大同小異という言葉もある。上映会成功のために、小さな事は我慢してくれませんか」

そう言っても、夫妻は納得しません。「個人的に、いい気分になりたくて、有名人にお土産を持っていった。健常者の奢りだ」とおさまりません。

しまいには「こんな不公平なメンバーで、ろうあ問題を語ることができるのか？　上映会は中止すべきだ」と主張するのです。そんなことは、できるはずもありません。

この対立は上映会当日まで続き、実行委員は「ふたりが会場にきて暴れたりしたら、取り押さえる係をつくろう」という話までもが、本気で語られました。

とにかく、上映会自体は無事に開かれました。

でも、その成功と引き替えに、僕たち上映委員たちは「情熱的で行動力にあふれる夫妻」という仲間を失いました。同時に誰もが、聴覚障害者への違和感をいだいたまま。もしかしたら、それは嫌悪感に近い感情だったかもしれません。

このことが頭に引っかかったままの僕は、その数カ月後、愛知県内に住む耳の聞こえない女性を訪ねた際に、このことを聞いてみました。

この女性は夫と長男の3人暮らしでした。

独身時代に、勤務先で態度のよくない男性社員を手厳しく「やっつけた」ことがありました。男性は健常者です。このやっつけられた年下の男性が「こんなにも強くて素晴らしい女性はいない。結婚するならこの人以外に考えられない」と、強烈にアプローチして結婚にいたった。そんな人です。

僕の質問に、女性は呆れたような顔で諭してくれました。

「それは、あなたたちが悪い。というより、聴覚障害の啓発映画を上映するっていうのに、聴覚障害の本質を分かっていないことから起きた問題です」

「……?」

「そのご夫妻には『お裾分け』や『大同小異』という概念がなかったのでしょう。だから、みなさんがそんな言葉で説得しようとしても、まるっきり効果がなかったんですよ。聴覚障害の深刻さは、そこにあるんです。通常の人が普通に身につけている『世間常識』みたいなものって『耳学問』でしょう？　音を閉ざされた私たちには、その耳学問が入ってこないんです。『お裾分け』も『大同小異』も、そのご夫妻にはこれまでの人生の中でふれたことがなかった概念だった可能性が大ありです。そんな基本も分からずに、上映会活動をしていたんですか？」

僕は頭を殴られた思いでした。恥ずかしくもなりました。

「自分たち健常者は、障害者のためにボランティア活動に励んでいる。なのに、あの夫妻のわがままはどうかしている」

誰もが、そう思いこんでいたのですから。健常者の思い上がりもはなはだしかったのです。それにしても、この女性、なんてすごい人なのでしょう。ご主人だけでなく、僕をはじめ、高崎の上映会実行委員全員の頭を「ぶん殴って」くれたのですから。

僕がなぜ、彼女の話をしたか。それはね。前にもふれましたが「**人間ってものは、世の中のほとんどのことを知らないで生きてきている**」っていう本質論を心に刻んでほしいからです。「常識は、まず耳から入る。だから耳が不自由な人の中には、多くの人が当たり前に備えている概念が形成されていない人もいる」。聞かされてみれば、そんな単純なことも、僕たちは知りませんでした。

だから、**常に学ぶ姿勢をなくしたら、みなさん一人ひとりにとって「人生の大損だよ」**と言いたいのです。

人は、学ぶ姿勢を忘れちゃいけません。「もう十分学んだ」なんて思ったら、その人の成長が止まります。もったいないよ。もっと貪欲に学んでいきましょう。

「そんなに頭の中に詰め込めないよ」

それは大間違いです。大丈夫。どんなに学んだって詰め込んだって、次から次へと忘れていくから、頭の中の容量はオーバーにはなりません。

これも僕たち人間の本質ですね。

もう一度、これが言いたい

「ぶれない人生観」は逆風を跳ね返す力。人をうらやむこともなくなる。

Ⅳ　ときには「気軽」に生きるためのヒント

かけがえのない人生、プライドと自信と豊かな表現力を持とう

▼豊かな人生の価値尺度は

スタンダードという言葉をよく聞きます。人間社会という、ひとつの集団なのですから、「規準」「標準」は欠かせません。つい最近まで、「グローバルスタンダード」という価値基準も声高に叫ばれていました。もっとも「グローバルスタンダード」とは、実は「アメリカンスタンダード」の押しつけでしかなかったという言い方もあります。僕もそう思います。

国際社会じゃなくても、日本の社会にだって、おおよそ共通する価値基準がありました。「出世主義」であり「拝金主義」だったかもしれません。有力官庁や有名企業への「所属第一主義」も、いまだに根強いものがあります。でも、それらの「規準」を手にする人の数は、極端に少ないですよね。すると、それから漏れた大多数の国民は、人生における成果を手に

できなかったことになってしまうのでしょうか。確かに、そう思い込む風潮は今でもあります。

本当にそれでいいのでしょうか。**「所属」「出世」「拝金」という「常識的」価値観を満たしたであろう人たちや組織が、いかに「非常識」な行為を繰り返してきたか。**頻発する役所や企業の腐敗発覚を見れば反論の余地もありません。

人間として生きていくということは、何を意味するのでしょうか。何を求めることなのでしょうか。そんな基本テーマを考えることなしに、多くの人間が、子どもから大人へと生き続けた末に、空しさにつつまれる。「生老病死」を深く考えず、「所属」「出世」「拝金」こそが、人としての成功だという錯覚に縛られた人生って何なのでしょうか。

会社で出世しないお父さんは価値のない人間ですか？　所得の高くない人は、高い人に比べて劣っているのですか。

ばかを言ってはいけません。

「所属」「出世」「拝金」など、その人の人間性をはかる数え切れないほど多くの尺度のうちの、隅のほうに転がっている小さなひとつにほかならないではないですか。いや、百歩譲って、その尺度を人生の目標にする人がいたっていいですよ。でも、国民全員にそれを押しつけてみたって不毛でしかないのです。

なぜなら、ひとつの社会、たとえば日本という国で「人生における自己実現の価値尺度」が少なければ少ないほど、その達成を目指した競争率がアップします。その結果として、大部分の人はふるい落とされることになります。人生が意味のないものだと決めつけられてしまいかねません。そう決めつける権利など、誰にあるというのでしょう。価値尺度は何百種類あったっていいじゃないですか。いや、そうでなければならないんじゃないでしょうか。

▼自分自身の価値観と表現スタイルの道

確かに、人間社会で守らなければならない共通のルールというものはあります。交通違反をしないとか、犯罪に手を染めないとかの問題ですね。でもね、生き方については「こうでなくてはならない」なんて言い方が本当に正しいのでしょうか。

「男はかくあらねば」「女は……」「子どもは……」

それって、違うと思いますよ。

その人自身が真剣に考え、決めた価値判断に基づいて、その人に合う自己実現方法を求めていかなくてどうしますか。横目で他人のことを気にしていたって始まりません。確かに**「他人並み」でない道を歩むには勇気がいります**。でも、ちょっとだけ勇気を振り絞って、

「信じたその道」を踏み出してみれば、その先は見えてきますって。

人によって、亀の歩みよりスローな生き方もあるでしょう。ジェット機のようにぶっ飛ばす人もいたっていいですよ。でも、僕は自分の価値観に基づいた自己実現・自己表現の道をゆっくりゆっくりと歩いていきたいと思います。数え切れないくらい多くの人たちとふれ合いながら、ときに助けられ、こちらが助けながら、ね。

すると、こんなことに気がつきます。**自分の価値観を貫くスローな生き方をするには「過剰な情報」など必要ない**ってことに。

ですから、自分の価値尺度に合わせて「いらない情報」は、迷わず捨てる勇気を持とうじゃないですか。

捨て去った後にも、膨大な情報が残ります。その「必要な情報」を有効に生かして、自分の人生を高めていこう。そんな意味ですね。

もう一度、これが言いたい

社会の価値尺度が少なければ「人生の敗者」が多く、尺度が多ければ「敗者」は少ない。

「アマチュアリズム」で息抜きも

だからって、いつも「一生懸命」じゃ、疲れてしまいます。「遊び」「余裕」の部分が欠かせませんよね。みなさんに堅苦しい話をするつもりはないんです。人間として、この世に生を受けて、80年、90年、１００年と生きるわけです。自分自身の「表現力」を高め、「可能性」を信じて、自分自身の価値観を掲げて生きれば、楽しいじゃないでしょうか。そんな話なのですから。

たとえば、学生のみなさんも社会に出れば、それぞれの職業の「プロ」としての技術・知識が求められます。人間は「なんらかのプロ」になるべきでしょう。でも、同時に**「アマチュアリズムの快適さ」「素人の気楽さ」も強く意識してゆけば、生きることが楽になります。**

分かりやすいのは、趣味・息抜きの世界でしょうか。

たとえば、「絵画」「陶芸」「楽器演奏」「スポーツ」「料理」「野菜作り」「ガーデニング」「写真」「映像」などなど。数限りない趣味の世界がありますね。

これを「職業」にするのはつらいものです。多くの場合「職業」のレベルまで自分を高めることは難しいからです。だから「趣味」として、ちょっとかじるわけです。

画家・陶芸家・演奏家・歌手・俳優・プロスポーツ選手・小説家・料理家・写真家・映画監督などは、たいてい「それ一本で生活してゆくのが難しい」と言われる職業ですね。

そこまで自分を高められるのは「ひとつまみ」の存在でしょう。

では、これらのことを「趣味」として取り組んでいる場合は、どうでしょうか。

その分野に何の関わりもなければ、それぞれのプロの姿に「うわー、すごいなあ。とてもかなわないなあ。それに比べて、自分なんか特別な才能もないし……」とへこんでしまいますよね。

でもね。たとえば、絵や陶芸が趣味の人なら、高名なアーティストの作品を前にしても「かなわないなあ。それに比べて私の作品なんか……」ではなく、「ほほお。やはり巧みな表現方法・テクニックだね。さすが、大作家だ。自分の作品にも生かせるかも」と余裕を持って見られませんか。

大学のオーケストラ出身で建築士をしている友人は、すぐれたプロの演奏を前にして、落ち着いて楽しんだり、独自の評論をしたりします。自分の会社にプロの音楽家を招いて、コンサートを企画するのが楽しそうです。「あの人の演奏も、なかなか腕が上がってきたなあ」なんて腕を組みながら。これが、楽器オンチの僕は「ピアニスト」「バイオリニスト」「ギタリスト」を前にしただけで、「自分にはまったくできない技術だから」とひれ伏してしまいます。**この精神的な余裕**の有無って大きいですよ。

料理が大好きな僕は日々の「家庭料理」を受け持っていますし、仕事相手や友人知人は、僕の家での宴会を「木部克彦の食卓」と呼んでいます。元ラグビー少年として「ラグビー」の知識は人より豊富です。

すると、どんなメリットがあるか。ホテルの総料理長みたいな人や、繁盛している割烹のオーナー板前さんなどと語っていても、その人の料理を食べていても「なるほど、頑張ってるね」「この料理は凝っているなあ。どうやってつくるのかなあ。教えてもらおうかなあ。明日の晩つくってみたいから。ちょっと気合を入れれば、つくれそうだし」といった「生意気な余裕」にひたって、食事を心から楽しめます。

ラグビーの日本代表の試合をスタンドで見ていても。「ほほお、なかなかうまくなったじゃないか、あの選手は」などと、やはり「生意気な余裕」が持てます。手にした缶ビールがどんどんおいしくなります。

これが「**アマチュアの快適さ**」なんですよ。僕は、料理の、ラグビーの、「プロ」になろうという立場ではないですね。楽しめればいいんです。そうすると、目の前の「プロ」が「偉大な存在」ではなく「僕に大いなる楽しみを届けてくれる配達人」に見えてくるんですよ。自分がその分野を多少かじっていることで、なんらかの「人間力」がアップしていることから生まれる余裕ではないかと思います。

そんな余裕を手にできる分野を、誰もがひとつやふたつ持っていると、生きてゆくのが楽になる。そんな気軽さも必要だって話です。

もう一度、これが言いたい

趣味・息抜き・道楽から手にする「生意気な余裕」が人生を楽しいものに。

スポーツをする、見ることの自己表現力

▼「趣味・娯楽・気晴らし・はしゃぐ」

スポーツと表現力について考えましょう。

「sport」の語源は、ラテン語の「deportare」（デポルターレ）だと言われます。つまり「portare」（運ぶ）から「de」（離れる）、かみくだけば「仕事とか義務から離れる」ということ。休息・気晴らし・遊びってことですね。

英和辞典で「sport」を引けば、いわゆる「競技スポーツ」の意味とともに、「趣味・娯楽・気晴らし・はしゃぐ・笑う」などの意味も出てきます。

スポーツをするのも、見るのも、根本は「趣味・娯楽・気晴らし・大はしゃぎ」だと考えれば、スポーツにつきまとう「激しさ」「厳しさ」「ストイック」「求道者精神」「レギュラー

か補欠か」なんて息苦しさが消えてゆきます。その通りで、スポーツとは、僕たちにとって「堅苦しい」とか「特別な人の世界」とかいった雰囲気ではなく、誰にとっても「楽しい」世界なのですよ。

人生の楽しみとか、生きる目的、言ってみれば「生きがい」でしょうか。そういうものの中で重要なのは「達成感を手にした感動」ではないでしょうか。

これは、子どもでも、大人でも、どんな職業についていても、どんな暮らしをしていても、みんなに共通するものに違いありません。

ところが、この「達成感」って、実は手にすることが簡単ではありませんね。それがやっかいなことなのです。

学業や仕事で大いなる成果を上げる。僕たち凡人にとっては、確かに難しい課題です。理系の研究者のように、学生時代からずっと研究を続けて、何かの賞をもらったりした人は、おおいなる達成感を手にすることでしょう。自分が創業した会社を大きく飛躍させた経営者も、同様に素晴らしい達成感につつまれることでしょう。

でも、誰もがそんな展開になれるはずもありありません。

学校で言えば、地味な勉強を続ける。仕事で言えば、日々地道にまじめに勤務する。これが現実の世界です。

ですから、そういう日常では、なかなか達成感を得にくいものです。

では、どうしたらよいか？　そこに**「スポーツ」の存在価値**があります。

▼あまりにもちっぽけながらも「達成感」

スポーツといっても、「世界の舞台で戦うアスリート」みたいな話ではありません。学校の部活とか、日常の趣味、健康づくりのための生涯スポーツといった世界の話です。

あくまで「自分にとって無理のない程度のスポーツ」を続けることのメリットという論点です。

多くの人たちが、さまざまなスポーツをしています。野球やテニス、サッカーなどの球技から、陸上競技的なマラソンとかジョギングとかトレッキング。さらには空手、柔道などの格闘技まで。

別に「オリンピックに出たい」などという世界でなく、趣味とか楽しみの世界ですね。

これだと、自分なりの「**無理のない程度の上達目標**」が、自分自身で掲げられるじゃないですか。そして、その目標に向かって「無理のない程度」に努力することができます。その努力に応じて、「**それなりの達成感**」を手にできる。これが「趣味のスポーツ」の世界の最大の魅力かもしれません。

これが、学業とか仕事の世界では求めにくい点だと思います。

たとえば、ビジネスマンが「売上額を前年の2倍にしたい」と目標を立てたら、とてつもない努力が求められます。どれほど汗を流しても、達成できるかどうか分かりません。

でも、「月イチの日曜テニスプレーヤー」の僕とかみさんは、「ふたりで打ち合って、ラリーが10回続くようになろう」といった「初歩の初歩」みたいな目標設定をします。それでも、5、6回しかラリーが続きません。

でも、頑張るうちに、10回、10数回とラリーが続いたりします。

そうなると、「よし、目標達成だ。さあ、祝杯をあげよう」と、達成感にひたりながら、飲み屋を目指したりします。

僕は高校生からラグビー少年でした。大学生からは草ラグビーを続けて、40歳まで試合に出ていました。

僕が30代で参加した草ラグビーチームは、すごいものでした。日曜日に河川敷のグラウンドに集まって、ボールをパスしたり、蹴ったり。そうやって20分くらい「遊んでいる」と、「よし、今日もいい練習ができた。汗もかいたし」とみんなで飲み屋に直行します。

これも、**あまりにもちっぽけながらも「達成感」**なんですね。元ラグビー少年にしてみても30代、40代になってラグビーボールに触れるなんて機会はないわけです。だから「ボールのパス回し」だけで、ある種の達成感に酔えるのです。これが草スポーツの真骨頂ですね。無理のない目標設定であるがゆえに、比較的簡単にゲットできる「達成感」に酔うことができる。これが「自分なりのスポーツの世界」のおおいなる魅力なのです。

▼誰かを「応援」し、その人の「進化」「達成」をわがことのように喜ぶ

誰かを「応援する」という要素も、人間の特長かもしれません。人間とスポーツの世界で考えると、分かりやすいと思います。

ここまで述べてきた趣味の世界ではなく、「本気の世界」のスポーツに取り組むアスリートを考えましょう。プロ・アマのいろんなスポーツに、プレーヤーとして励む人の努力は大変なものです。でも、彼らを支えているのが、大勢の「観客」「ファン」ですよね。

観客は、なぜ、入場券を払って競技場に駆けつけ、「応援」するのでしょうか。

もちろん、素晴らしいプレーを「見る」ことが、自分自身の「ストレス解消」とか「娯楽」になるという意味もあります。人間の本能に訴えるというべきでしょうか。

すぐれたプレーヤーの姿に自分を重ねて、ひとつの満足感を得るという考えもあります。「あのプレーヤーの、あんなにもすごいプレーは、練習のたまものかも。でも、自分だって頑張れば、ああいう姿になれるかも」そんな気持ちですね。

これらをまとめて言えば、やっぱりスポーツという言葉の意味の重要な要素たる「趣味・娯楽・気晴らし・はしゃぐ」に集約されるかもしれません。

同時に、**「頑張っている人を応援した」という満足感**がありますよね。これは人間の特長のひとつではないでしょうか。

「自分たちが応援したから、彼は（彼女は）一流になった」

彼らの飛躍に「自分が役に立った」という満足感が得られるからこそ、必死になって応援する。ということは、やはりここにも**「他者の役に立つ喜び」**ということが行動の原点にあります。

レギュラーとレギュラー以外の人たちの関係も同様で、レギュラーの役に立っている非レギュラーの自分には大きな意義がある。自分たちの存在がなければ、レギュラーの活躍も、試合の勝利もないのですから。

試合に出て活躍して、スポットライトを浴びるプレーヤーの、その陰には何倍もの人たちがいます。光を浴びることのない人が、一部のプレーヤーを支える構図です。野球、サッカー、チーム競技はみんなそうですね。

試合に出るレギュラーと、出られないメンバーがひとつの「チーム」を構成しているんです。

さらに、レギュラー同士でも、「運動能力の高い低い」「そのポジションごとの適正さ」などによって、「役割分担」をしたうえで、ひとつのチームを構成しています。

アメリカンフットボールのように、攻撃と守備で、メンバーが総入れ替えされるスポーツさえあります。さすがに「高度分業体制」の合理的なアメリカらしいスポーツです。

でも、そのチームの誰もが、**自分のポジション**（試合のポジションでもあり、レギュラー以外の人にとっては、試合ではない「与えられた役割」の両方の意味のポジションです）**に「プライド」を持っていて、その立場ごとに全力を尽くします。**

全員が「華々しいポジション」に立てるはずもなし。ひたすら「縁の下の力持ち」的な役割を負い続ける人のほうが多いでしょう。華やかなポジションが「人生の勝ち組」で、裏方は「人生の負け組」などという誤った価値観も、そこにはありません。

「裏方である自分の役割もまた、かけがえのない役割。その役割を完全燃焼させることが、自分の人生を高めることにつながる」

そんな明確な人生観ですね。

これは僕たちの社会や企業でもまったく同じことです。光を浴びる立場の人と、光が当たらない地味な役割の人。いろんな人がいます。光が当たらないから、つまらない人生であり、やりがいのない仕事でしょうか。いいえ、そんなことはありません。

「多くの人に支えられながら努力し、光を浴びる喜び」

「他者を支えている喜びを、自分自身の収穫と考える」

このどちらが主役で、どちらが脇役だなんて区別できるはずがありません。その人個人の人生にとっては、どの役割でも、まぎれもなく「自分が主役」なんですよ。それに気づかせてくれるのは、スポーツの力です。プレーするにしても、観戦するにしても。

もう一度、これが言いたい
「ほどほどの目標」「ほどほどの努力」「ほどほどの達成感」が気軽な市民スポーツの魅力。

ラグビーは人生だ

だから、僕はみなさんにも、スポーツをおすすめします。できればどんなジャンルのスポーツでもいいですから、自分でプレーしてみることです。

２０１５年のワールドカップで日本代表が予想を上回る活躍をして、「ミニブーム」になっているのがラグビーという「走る格闘技」です。２０１６年リオデジャネイロオリンピックでは男女の７人制（セブンス）ラグビーが種目になっています。

僕は高校時代からのラグビー少年です。まあ、ラグビーのようにハードなスポーツを、みなさんにストレートにおすすめするつもりもありませんが、ウォーキングやジョギングも含めて、何かスポーツに取り組みましょう。

スポーツは肉体的に「苦痛」を味わいます。体を鍛えるってことは「苦しい」ことです。そんな中で「目標」を設定します。「これくらいの距離を走ろう」とかいった単純な目標ですよ。これを達成しようとして、苦痛を味わうわけです。そして、その苦しさを乗り越えた後に手にする感動は、確実に人間力を高めてくれるはずですから。

なぜなら、そのときの「あと一歩、頑張ろう」の経験と、達成後の楽しさは、日常の暮らしや仕事に応用できるからですよ。

僕だけじゃなく、人間誰にも「怠け癖」があります。今日やるべきことも、ともすれば明日回しにしがちです。そこで「あと一歩」「これは今日のうちに」の癖をつければ、その積み重ねは大きいものになるんじゃないでしょうか。

僕がラグビー少年だったことで、よかったことがひとつ。本気でボールを追いかけていた高校時代に、恩師であるラグビー部監督に言われた一言が、その後の人生のバックボーンになりました。

「難しいことなんかしようと思うな。15人全員（ラグビーは15人で戦います）が必死に走ればなんとかなる」

監督はこう言いました。そう言われたって、強い相手には、どうやったって勝てないんです。そうでなくても「番狂わせが起こりにくい」のがラグビーの特徴ですから。でも、恩師はグラウンドにいながら、目先の試合のことを言ったのではなかったのでしょう。

「社会に出たって、いいことばかりじゃない。つらいこと、苦しいことがたくさんあるだろう。壁に跳ね返されそうになることも多いはずだ。でも、必死になって走ってみろ。きっとなんとかなる」

僕はそう解釈して、社会人になってからというもの、苦しいことがあると、その監督の声を思い出していました。むろん、僕に難しいことなんかできるはずもなし。

「でも、後で悔いが残らないように、とにかく必死に取り組んでみるか。どうにもならなかったら、そのときはそのときのことだ」

そんな気分で、人生の苦しいシーンでもあんまり落ち込まないで生きてこられました。これは50代後半の僕から、特に若い世代のみなさんに贈る「**経験論からくる真剣なアドバイス**」です。

「必死に走れば、なんとかなる」

小学校から大学まで数えきれない教師とふれ合いましたが、具体的な言葉として胸に刻まれているのは、この言葉だけです。それだけ突出した、貴重なる教えだったんですね。

▼女子ラグビー選手の笑顔はまぶしい

僕は明和学園短大の週イチ教師をしていますが、付属校の明和県央高校（高崎市）は全国大会の常連になっています。ここに須田澪奈《れいな》さんという女子部員がいることを知って、２年生だった2015年春に会いに行きました。幼稚園からラグビーを始めた須田さんのラグビー歴は10年以上になります。

「ハードでつらいときもありますが、楽しさもいっぱい。相手をタックルで倒してボールを奪ったときとか、トライを決めた瞬間の感激ですね」

ポジションはフランカーです。

「大好きなタックルが最も必要なのがフランカーですから、やりがいがあります。ボールを持ってひたすら『前へ』も楽しいし」

身長160センチの須田さん。タックルの激しさは男子に負けていません。

「大学でラグビーを続けながら教員免許を取るつもりです。女子ラグビーをもっともっと盛んに。そんな指導者になれればいいなと思います。女子は気が強いですから、男子よりも激しいボールの奪い合いが展開されるところが見どころでしょうか。私たちのプレーでそんな魅力が伝われば」

須田さんは2015年末の男子全国大会開会式直後の「U18花園女子15人制東西対抗戦」に、東軍フランカーとして先発出場を果たしました。僕はテレビ中継に見入っていましたが、期待通り得意のタックルを中心にした果敢なプレーを見せてくれました。走り込んでくる相手を倒し、厳しいタックルに倒され、自らを鼓舞するように叫ぶ。その姿は迫力満点でした。

同じ高崎市内にある東京農大二高のスクラムハーフ・津久井萠さん（1年）も出場しました。ふたりとも十二分に自分を表現していました。

花園出場を果たした須田さんは「スタンドは満員だし、緊張していて、力を出し切れなかったかなという思いはありますが、本当に楽しい経験をしました。今まで以上にラグビーが好きになりました。1年後も出場できるように頑張ります」と言います。15人制ワールドカップですか？　もちろんそれも夢です。自分自身を高めるためにも」とも。

僕は2016年1月の彼女へのインタビューの後、久々にラグビーボールを手にして、須田さんとパスの練習をしてみました。学外のおじさんが、高校2年の女子部員と仲よくパスの練習なんて、本来はありえません。十数年ぶりにボールの感触を味わい、17歳を相手に思いっきりボールを放った僕の頭の中は、高校生に戻ってしまいました。涙がちょっとだけ浮かんできました。日没寸前の太陽がやけにまぶしく感じました。

ま、これは「役得」かな。

もう一度、これが言いたい

「全員が全力で走ればなんとかなる」。万一ならなくてもいい、この気概こそが。

「自分を」「ふるさとを」語るミニスピーチを身につけよう

▼誤った価値観を変えよう

僕たちは大きな勘違いをしているのかもしれません。

豊かな自然が人にもたらす力の素晴らしさを、あまりにも「過小評価」していませんか？

第二次世界大戦後の昭和20年代以降、国土の復興と経済の成長を優先させるあまり「誤った価値観」が僕たち日本人の間にできてしまった気がします。

すなわち、「都市・近代的建物・高層ビル」がすぐれている。「山村・自然・古い町並み」が劣っている、という「根拠のない」決めつけ・偏見ですね。

「都会的」は、褒め言葉（「都会的なセンスだ」といった使い方です）。

「田舎流」は、けなし言葉（「あの人は田舎っぽい服装だなあ」といった使い方です）。

そんな言い方をしがちですよね。

間違ってはいけません。「都会」も「田舎」も「その特徴を示す言葉」でしかありません。都会・田舎、どちらにも長所短所があります。そのことをきちんと理解しないまま、まるで「善」と「悪」のように区分けしたのが日本の社会かもしれません。

「高層ビルやおしゃれな建物が並ぶ東京は『誇りうる大都会』」

「森と緑ときれいな川があっても、昔風の建物がたくさんあって、大都市ではない地方は『誇れない田舎』」

多くの人が、そんな思い違いをしてしまいました。

東京や大阪のコンクリートのビル街や住宅密集地。満員電車での通学通勤。汚れた空気や水。ああいったところで暮らすことが、誰にとっても幸せなことなのでしょうか。「よい」という人もいれば「いやだ」という人もいる。それは両方とも正しい考え方。そういうものではないでしょうか。

▼人間の本質は、「普遍的」なもの

確かに、科学技術などは飛躍的に進歩しました。ロケットで宇宙に飛び出し、何カ月も宇宙ステーションで暮らす時代です。

しかし、人の「本質」「価値観」「倫理観」などは、大昔も今も変わりません。

幕末の志士や400年以上も前の戦国武将の格言をはじめ、2000年前のキリスト、2500年前の釈迦、そして古代中国の思想家である老子、孔子、孟子などの教えについて、みなさんも諭されたり、本で読んだりすることがあるでしょう。

交通も、医療も、建築も、技術的な面で見れば、2000年前と現代とは比べるべくもありません。でも、「生き方論」では、そんな大昔の教えが、21世紀の今も大切にされているんですね。このあたりは、人の本質は普遍的であることの証明でしょう。「歴史に学ぶべし」とは、そんな前提に立っているからこそ有意義なことなのです。

ですから、洪水のような厖大な情報や、「正しい考え」「誤った考え」が交錯する現代社会だけに、みなさん一人ひとりに「**きちんとした価値観**」「**自分自身やふるさとへのプライド**」といったものを身につけてもらうことが重要になってくるのです。

その価値観をしっかり持てば、大都市の東京や大阪で暮らすことも、文化色の濃い京都で暮らすことも、自然が豊かな土地で暮らすことも、それぞれ長所短所こそあれ、**「優劣の差」などない**ことに気がつきます。何が「欠かせない情報」で、何が「捨ててしまうべき不要な情報」なのかも、はっきりします。

▼「群馬」を3分で語る

ためしに、僕が暮らす群馬県の「ふるさとを語るスピーチのネタ」を考えてみましょう。分かりやすいのは、世界遺産がらみの話かもしれません。

2014年、群馬県の富岡製糸場など絹産業の4遺産が世界文化遺産に登録されました。群馬の生糸が海外に輸出され、日本の近代化を担う一番太い柱になった歴史を「誇る財産」と言わずして、何と表現しましょう。

群馬県人は自慢嫌いですから、現在でも「富岡製糸場？　あの古い工場跡がどうして世界に誇る遺産なんだ？」と言います。

間違えてはいけません。明治5年の古い建物が残っているから世界遺産ではないのですよ。古い建物なら法隆寺あたりにはかないません。

世界の「宝物」となる理由は、ここから後の話です。

日本の生糸は、明治から昭和にかけて、輸出額の40％から70％を占めたのです。一番の輸出品でした。

鎖国によって時代に立ち後れ、先進諸国の植民地になる危険もあったのが幕末から明治はじめの日本です。

21世紀の今、僕たちは日本語で語り合って暮らしていますが、歴史の歯車がちょっとずれていたら、僕たちは英語かフランス語かスペイン語かポルトガル語などが「公用語」か「準公用語」になっていたかもしれないのです。

そんな日本が、短期間に世界の先進国になったのは、生糸の輸出があったからでした。その生糸生産の主役が群馬だったのです。

「群馬の蚕糸業が、日本を外国支配の脅威から救った。先進国に押し上げた」

ここが注目点なのです。

「製品も生産技術も日本から世界に広まった。世界中の人々にとって、絹製品が高嶺の花ばかりではなくなった」

こういう点も無視できません。だから世界遺産なのです。

▼「日本屈指の粉食王国」は「世界屈指の料理文化王国」

「群馬は特徴がないんさねえ。うまい料理はないし……」

群馬の大人たちは、こんな言い方をしがちです。とんでもない考え違いです。群馬には「粉食王国」（うどん、そば、お焼き、焼きまんじゅう……）という特徴づけがあります。そして豊かな野菜生産。川魚。もちろん、牛豚鶏肉。こうした群馬の魅力的な食材による「群馬健康御膳」的なものも比較的容易に開発できるでしょうし。

群馬県庁も「ぐんまおっきりこみプロジェクト」を進めています。

「簡素でいて手の込んだ料理法」「世界遺産となった蚕糸文化との深い関連」「豊かな伝統「上州のおかあさんの愛情」などの特長を持つ「おっきりこみ」（生麺のまま大鍋に入れてつくる煮込みうどん）には、群馬の代表食としてアピールするにふさわしい魅力があります。だから僕は**『今夜も「おっきりこみ」』**（言視舎）という本を2013年に出したのです。

人間の食の原点は「穀物食」にあります。食文化史を見れば小麦栽培に適した中央アジア・中東・ヨーロッパ、さらにアメリカなどの「小麦の粉食文化圏」と、米栽培に適した日本・中国を含めたアジア諸国の「米の粒食文化圏」に分かれます。

中東からヨーロッパ、アメリカにいたる小麦粉文化圏では、米の粒食は広がりませんでした。例外としては、トルコのピラフ、イタリアのリゾット、スペインのパエリアくらいでしょうか。

それに対して、米食文化圏のアジアでは、小麦の粉食文化が米とともに定着しました。麺、饅頭《マントウ》、お焼きなどの世界ですね。米麦双方の魅力・特性を柔軟に受け入れた度量の広さと器用さは、アジア人の特性かもしれません。

米の粒食文化圏でありながら、小麦の粉食文化をも成立させていることは、「世界屈指の食文化王国」の資格を有しているということにほかなりません。

伝統的な小麦生産地・群馬は「日本屈指の粉食王国」を標榜しています。これは「世界屈指の食文化王国」であることの証明にほかなりません。食文化への柔軟な姿勢と器用さからすれば。間違いなくそう言えるのです。

大げさな？　いえいえ、ふるさとへのプライドを育むには、それくらい大きく考えなければなりませんって。そのように、豊かな歴史と栽培・料理文化、柔軟な考え方など、群馬の「粉食王国」論をはじめとした食文化を理解することが欠かせないのです。

しかも西洋と違って、東洋の粉食文化はバターや砂糖などを多用せず、素朴に「練って、焼いて、煮て」というスタイルをとりました。健康的な食べ方です。さらに群馬は良質の野菜王国です。キャベツ・ネギ・トマト・コンニャク・キュウリ・ハクサイ・ニンジン……。粉食と野菜という健康的な植物性素材を伝統的に食べてきたから、健康寿命（自立して日常生活を送れる年齢のこと。平均寿命よりも重視されている指標です）も群馬県民はすぐれています。世界でも指折りの健康寿命を誇るのが日本。その日本を都道府県で見れば、群馬は

3本指に入るのです。男性71・07歳、女性75・27歳（2010年の数字です）。これは、健康的な食生活が影響していないはずがありません。

僕ならば、郷土をこんなふうに表現します。みなさんがそれぞれ郷土の素晴らしさを再確認したら、それを簡潔に言えるよう、まず簡単な文章に書いてみましょう。ノートでも、便箋でも、パソコンでも。

はい、ここまでは「文章表現力を磨く」世界の話です。

次にこの文章を「語り口調」で読んでみる作業を繰り返して、覚えてしまいましょう。「1～3分スピーチ」ってな具合に。すると、まわりの人たちにスラスラ言えます。県外の人に「あなたの郷土って、どういう土地ですか？」と聞かれた際、戸惑うことなく説明ができます。聞いた相手は、「なるほど」と納得します。好印象を持ちます。これは「言論表現力を磨く」世界の話です。

粉食王国と良質野菜で健康寿命王国になっている。こういう趣旨で頭を整理していた僕は、先日岩手県内の温泉宿に泊まった際に、女将さんから「群馬からですか。群馬のおいしい物って何ですか」と聞かれて、この粉食と野菜の話をしました。その女将さんは、楽しそうに相槌を打ちながら聞いてくれました。「群馬に行ってみたくなりました」とも。

そんなふうに、県民がふるさとを語れば、よく言われる「知名度最下位の群馬県」なんて、すぐにひっくり返ると思うのです。

これはどこに暮らしている人にとっても大切なことではないでしょうか。

もう一度、これが言いたい

ふるさとの魅力を過小評価せず、いつ聞かれても、スラスラと語れる「3分スピーチ」を。

イチロー選手や山中先生より幸せなのは？

いろいろ、言いたいことを述べてきました。

そりゃあ僕だって、プロ野球のイチロー選手みたいに、年収何十億円もあれば、それなりに（いや、「とっても」かもしれない）いいとは思います。マイクロソフトを創業した実業家のビル・ゲイツさんみたいな才能があれば、仕事は楽しいわ、資産は莫大だわ、正直なところかなりうらやましいかな。

ノーベル賞をもらった山中伸弥さんみたいに特別な才能があれば、大きな充実感を味わえるに違いありません。有名俳優みたいに二枚目だったら、女性にもてて、いい気分かもしれません。女性ならば、ドイツのメルケル首相か、女優のアンジェリーナ・ジョリーみたいに、いろんな困難を乗り越えて自分の道を突き進んでいる人でしょうか。

でもね、僕も僕で、今生きている地域で、多くの会社や組織・団体と、おじさん・おばさん・おじいさん・おばあさん・青年・子どもたちとふれ合いながら、家族や友人とともになんとか暮らしています。

さてさて、**自己実現の達成度合**として、ビル・ゲイツさんやイチロー選手と僕のどちらが高いか、その答えは難しいと思うんですよ。

「寝ぼけたことを言うな。世界の有名人たちに決まってるだろうが」

いえいえ、違います。

世の中の全員がそう言っても、要は僕の人生なんだから、僕がどう思うかじゃないでしょうか。

「イチロー選手も山中先生も精一杯の人生を送っているし、僕は僕で精一杯の人生を送っている。仕事と家事の兼業主夫の僕なんか、仕事上つき合っている人の数に加えて、隣近所のお母さんたちとも仲良くしてるし、家事情報交換も密だ。ボランティア活動の仲間も入れれば、ふれ合っている人の数は、もしかしたら世の中の有名人に勝っているかもしれない。自分史の達人として、自分史・回想録の出版をお世話していますが、その著者や家族とは親子以上の関係になっているんだ。だから『何百人もの父親や母親』がいるんだよ。これは冗談抜きに誇れる話だよ」

そう思って生きていく。それが人生じゃないかと思います。

それに、そんな考え方が、必ずしも強がりとしてとらえられなくなってきたじゃないですか。それが21世紀の大きな特長のひとつですよ。「あくまで、自分の価値観で、ゆっくりと、確実に」という考え方の広がり。これは歓迎すべきことです。

だから、みんな一人ひとりが自信とゆとりを持って生きていこうじゃないですか。

人生はお金でも、名声でも、豪邸でも、何でもないですよね。自分というひとりの人間の存在を、どうやったら豊かに表現できるか。誰かの役に立てるか。それに尽きませんか？

人に認められるの、認められないのなんて、小さい小さい。

もう一度、これが言いたい

名声？　収入？　それより大切なものはなにか。そう考えれば、人生そうそう怖いものなし。

エピローグ
みなさん、どう考えますか？

「中年は、おやじ臭さが出てくるからいやよ。加齢臭ってやつよ。だから、おじさんには近づきたくないのよね」

うるさいわい、そこの若者、他人事みたいに言うんじゃない。加齢臭は人類みな平等ですよ。みなさんだって、将来は避けられない宿命なんですから。

「おやじギャグばっかり飛ばして。うざいなあ、このおじさん」

やかましいわい。君の「うざったい」「むかつく」みたいなふざけた日本語のほうがよっぽど気分が悪い。ギャグを飛ばすには、それ相応の勉強、言葉の仕入れが必要なんですよ。君にそんな真似ができるかい？

「偉そうに言うけど、一流企業の三十歳くらいの社員なら、あなたの倍くらい給料をもらってるよ」

地方都市の中小零細企業のお父さん（僕もそうだ）、こんなことをほざく人の前で、卑屈になってはいけません。人生はお金じゃない。僕ならばこう言います。

「その通り。だから、食べるものだって贅沢はしない。安い素材を自分で買ってきて、工夫しておいしい料理に仕上げて家で食べている。料理の腕は上がるし、家族も友人も喜んでくれる。いいかい？　給料が少ないほうが、いやでも工夫を重ねるから『幸せ』なんだよ。負け惜しみ？　そう思う人は思ったらいい。君たちがそう思ったって、僕にはなんの苦痛もないんだよ。僕自身が、心底そう感じて幸せなんだからね」

この考えに、理詰めに反論できる人がいたら、かかってきなさい。

「出世もしないし、先が見えてるね。勤め先からリストラされなきゃいいけど」

そんなことを言うお父さんも大勢います。だからさ、「会社がすべて」なんて価値観に縛られていていいんですかい？

「会社じゃ、うだつが上がらないけど、絵を描かせればプロ級なんだよ。去年も展覧会を開いたし。ただし、町中の小さな喫茶店でね」

「僕は子ども達にサッカーを教えている。会社ではヒラだけど、そこでは先生だよ」

「私は日曜に社会福祉のボランティアを続けている」

これらすべて、人生の充実に大貢献していること疑いなし。

「あーあ、新聞を読むのに遠ざけちゃって。老眼ですね」

その通りです。男も女も40歳をすぎれば、そうなるんです。ということは、何を意味しているか。目が衰えるまで長きにわたって生きてこられた証なんですよ。老眼は情けないことじゃないんです。無事生きてこられた幸運に、深く感謝するべきことなんです。

何ごとも、ポジティブに考えなければ、人生なんて楽しくないですよ。老化も、収入の減少も、リストラも、それを受け止め、逆手にとって楽しむ方法が必ずあります。

これまでネガティブなことと思われていたことが、本当はポジティブだったりするんですよ。僕らの「常識」が実は「非常識」だったかもしれません。そんな逆転発想に立って、一人ひとりが前向きに生きていける環境が生まれてきたんだから、それを広げていきたいと思いませんか。

そのためには、あふれる情報を積極的に入手しつつも、**きっちりと取捨選択して、必要のないものは捨て去る勇気と、必要なものは有効利用する努力**が欠かせません。

そうやって自分自身の表現力をアップさせようじゃないですか。

誰のためでもない、自分自身の人生のために。

みなさんに、それを語りたかったのです。

大学生以下の若いみなさんにしても「高度経済成長」なんていう言葉を聞いたことがあると思います。日本史の授業で出てきた言葉ですよね。

僕たちの世代は、この高度経済成長を体感してきました。その後、異常事態としか言いようのなかった「バブル経済」の中も生きました。そして、1990年代はじめの「バブル崩壊」から20年以上、日本は長く不況の中を歩んでいます。多くの人が、「生きるのに必死」の時代です。

みなさんにしてみれば、生まれたときから不況だった、ってことですね。

そんな社会状況ですから、「自分のこと、自分の家族のことで精一杯だ」という言い方も無理からぬものがあります。

でもね。そんな時代だからこそ、**お互いに「支え合い」「助け合って」「応援し合って」生きることで、世の中全体が救われていく**のではないでしょうか。

人が、自分以外の存在（家族も、友人知人も、仕事仲間も、すべて）とのかかわりの中で生きる宿命を負っている以上、自分自身が周囲に支えられる、助けられることもあれば、その逆もあるはずです。

僕の親や祖父母の世代からの説教である「情けは人の為ならず」なんて言葉を持ち出したいわけではありません。

言いたいのは、こういうことです。

「自分自身のことで目標を立てて、達成すれば、その感激は大きなものです。同時に、誰かに対して自分が何かをしてあげたことによって、その誰かが幸せになった、感動を手にしたとしたら、それも自分にとって大きな感激・喜びです。人生を歩むなら、その両方の感動を味わったほうが、より楽しいじゃないですか。より深い充実感が手にできるじゃないですか」

そんなことです。そのために、

「押し寄せる膨大な情報をきちんと判断して、捨てるものは捨てる」

「ネットの奴隷にならず、上手に使いこなす」

「自己表現力を磨いて、自己実現に向けて歩んでいく」

そういったことの大切さを語ってきたわけです。

最後になりますが、20年以上も出版企画で肩を組み、『群馬の逆襲』シリーズをはじめ、数々の本を世に送り出してきた盟友である言視舎の杉山尚次社長に感謝の言葉を贈らなくてはなりません。

この本の出版の機会、そして内容について丁寧な助言・指導をいただいたのですから。

その末に、みなさんに「独断的木部克彦イズム」を語れたわけです。

木部克彦

[著者紹介]

木部克彦（きべ・かつひこ）

1958年群馬県生まれ。新聞記者を経て文筆業・出版業。出版社「あさを社」(高崎市)編集主幹。明和学園短大(前橋市)で「地域文化論」「生活と情報社会」などを講義。群馬県文化審議会委員。食・料理・地域活性化・葬送・社会福祉などの分野で取材・執筆。企業経営者・政治家をはじめ、多くの人たちの自分史・回想録出版も数多く手がけ「自分史の達人」と評される。

【主な著書・編著書】

『群馬の逆襲』『続・群馬の逆襲』『今夜も「おっきりこみ」』『ラグビーの逆襲』（以上言視舎）『高知の逆襲』『本が涙でできている16の理由』（以上彩流社）『捨てられた命を救え〜生還した5000匹の犬たち』（毎日新聞社）『トバシ！〜小柏龍太郎は絵を描くことをトバシと言う』（あさを社）ほか。

装丁………佐々木正見

DTP制作………勝澤節子、田中はるか

情報を捨てる勇気と表現力

情報洪水時代の表現力向上講座

発行日❖2016年6月30日　初版第1刷

著者

木部克彦

発行者

杉山尚次

発行所

株式会社言視舎

東京都千代田区富士見2-2-2 〒102-0071

電話 03-3234-5997　FAX 03-3234-5957

http://www.s-pn.jp/

印刷・製本

モリモト印刷㈱

ISBN978-4-86565-056-3 C0036